Hongos medicinales

JOSEFINA LLARGUÉS

Hongos medicinales

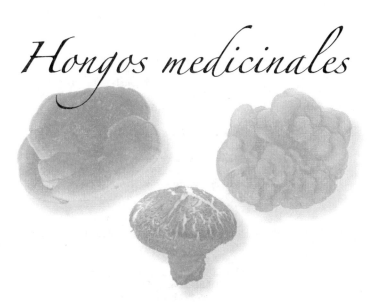

Shiitake, Maitake y Reishi:
prevención y apoyo al tratamiento del cáncer

Prólogo de la Dra. Isabel Giralt

EDICIONES OBELISCO

Si este libro le ha interesado y desea que le mantengamos informado
de nuestras publicaciones, escríbanos indicándonos qué temas son de su interés
(Astrología, Autoayuda, Ciencias Ocultas, Artes Marciales, Naturismo, Espiritualidad,
Tradición...) y gustosamente le complaceremos.

*Los editores no han comprobado la eficacia ni el resultado de las recetas, productos,
fórmulas técnicas, ejercicios o similares contenidos en este libro. Instan a los lectores a
consultar al médico o especialista de la salud ante cualquier duda que surja. No asumen,
por lo tanto, responsabilidad alguna en cuanto a su utilización ni realizan
asesoramiento al respecto.*

Puede consultar nuestro catálogo en www.edicionesobelisco.com.

Colección Salud y Vida Natural
Hongos medicinales
Josefina Llargués

1.ª edición: marzo de 2014

Maquetación: *Marga Benavides*
Corrección: *Sara Moreno*
Diseño de cubierta: *Enrique Iborra*

© 2014, Josefina Llargués
© 2014, Ediciones Obelisco, S. L.
(Reservados los derechos para la presente edición)

Edita: Ediciones Obelisco, S. L.
Pere IV, 78 (Edif. Pedro IV) 3.ª planta, 5.ª puerta
08005 Barcelona - España
Tel. 93 309 85 25 - Fax 93 309 85 23
E-mail: info@edicionesobelisco.com

ISBN: 978-84-15968-42-9
Depósito Legal: B-4.959-2014

Printed in Spain

Impreso en España en los talleres gráficos de Romanyà/Valls S. A.
Verdaguer, 1 - 08786 Capellades (Barcelona)

A Núria Mach
por su paciencia y apoyo

Nota de la autora

«¿Qué es lo que más me sorprende de la humanidad? Los hombres, porque pierden la salud para acumular dinero. Después, pierden dinero para recuperar la salud. Por pensar ansiosamente en el futuro, olvidan el presente, de tal forma que acaban por no vivir ni en el presente ni en el futuro. Viven como si nunca fuesen a morir. Mueren como si nunca hubiesen vivido».

(DALÁI LAMA, 1935)

Vivimos una época en la que a menudo se asocia el progreso al beneficio. Aunque es innegable que los avances tecnológicos han tenido un impacto positivo en la calidad de vida de las personas en determinados ámbitos, esta perspectiva no es generalmente extrapolable a nuestra salud ni a la del planeta.

La industrialización ha relegado al olvido las bases de la dieta tradicional, para dar paso a una noción de alimentación hedonista y desnaturalizada, especialmente orientada a llenar estómagos con calorías vacías, sin tener en cuenta que la forma en como nos alimentamos tiene una repercusión directa en nuestra salud. Comer no es, por tanto, un acto libre de consecuencias.

La naturaleza nos regala un sinfín de alimentos con un elevado potencial terapéutico y capacidad bioquímica para prevenir, y en ocasiones incluso invertir, el desarrollo o progresión de determinados cánceres directamente relacionados con el estilo de vida actual; aspecto que avalan las múltiples investigaciones al respecto, evidenciando el papel de la alimentación en la salud.

En este sentido, el presente libro pretende aportar algunos datos actualizados de estudios científicos recientes realizados en el tratamiento del cáncer con shiitake *(Lentinus edodes)*, maitake *(Grifola frondosa)* y reishi *(Ganoderma lucidum)*, setas con contrastadas virtudes terapéuticas, utilizadas por la medicina tradicional china (MTCH) desde tiempo inmemorial.

A raíz de los artículos consultados, queda ampliamente demostrado que la acción inmunomoduladora de los polisacáridos de estos tres hongos medicinales es especialmente valiosa, tanto desde el punto de vista profiláctico como de apoyo al tratamiento del cáncer, pudiendo incluirlos de forma habitual en nuestra cocina diaria en infinidad de platos.

La utilización en extracto seco estandarizado de estos tres hongos, bien sea como terapia única en determinadas enfermedades, o como coadyuvante a tratamientos oncológicos o a cualquier otra patología crónica o autoinmune, requiere dosis terapéuticas, así como modificaciones químicas para mejorar no sólo la actividad antitumoral e inmunomoduladora de sus polisacáridos, sino también sus cualidades clínicas, especialmente la solubilidad en agua y la permeabilidad en el sistema digestivo tras su ingestión oral.

En este sentido, la bibliografía reseñada al final de libro sobre literatura reciente publicada acerca de las propiedades de estos tres hongos medicinales en el tratamiento del cáncer, tanto en estudios *in vivo* como *in vitro, pretende única y exclusivamente ilustrar su potencial terapéutico y facilitar algunas fuentes bibliográficas de consulta.* Así, la información expuesta acerca de la capacidad inmunomoduladora, preventiva y de apoyo al tratamiento del cáncer del shiitake, del maitake y del reishi, *no pretende en ningún caso sustituir los protocolos oncológicos actualmente utilizados, reemplazar la figura del médico o terapeuta cualificado o aconsejar la automedicación.*

El principal objetivo de esta modesta aportación sobre los tres hongos medicinales aquí descritos es poner de manifiesto el valor de una dieta sana, equilibrada, suficiente y rica en sustancias antioxidantes, compuestos fitoquímicos y moléculas anticancerosas, en la estimulación de nuestro sistema inmunológico y, por consiguiente, en la preservación o recuperación de la salud; así como corroborar las evidencias científicas y las hipótesis contrastadas acerca de la necesidad de incluir alimentos inmunomoduladores en nuestra alimentación diaria, tanto en la prevención como en el apoyo al tratamiento de distintas patologías, especialmente aquéllas relacionadas con determinadas prácticas alimentarias propias de las sociedades industrializadas, como es el caso de ciertos tipos de cáncer.

Con esta finalidad, la última parte del libro propone un recetario de sencilla elaboración, saludable, equilibrado, energético y nutritivo, con ideas que posibilitan la inclusión del shiitake, el maitake y el reishi en gran variedad de platos, como un ingrediente más de nuestra despensa.

A diferencia del shiitake y el maitake, que pueden incluirse en cualquier receta, el reishi, sin embargo, por su característico sabor amargo, no es un ingrediente habitual en la cocina, utilizándose tradicionalmente en la MTCH por sus propiedades medicinales en extracto en dosis terapéuticas o en decocciones largas. Por ello, en el recetario sugerido, su uso a nivel culinario queda restringido a tés o caldos, en infusión o decocción, o a la elaboración de determinadas recetas en las que se utilizará una pequeña cantidad de polvo o miel de reishi.

Las recetas propuestas están elaboradas con alimentos del reino vegetal: cereales integrales, frutas y verduras frescas, especias, hierbas aromáticas, legumbres, grasas saludables, algas y proteínas vegetales como el tofu, el tempeh o el seitán, que a menudo no gozan en nuestro plato del protagonismo que se merecen y que, junto con las setas aquí descritas, deberían erigirse como el pilar fundamental de una nutrición óptima, que actúe muy especialmente desde la prevención y contribuya a la salud de nuestro sistema inmunológico.

JOSEFINA LLARGUÉS

Prólogo

Cuando empecé a estudiar acupuntura clásica, al tiempo que estaba en mi tercer año en la Facultad de Medicina, me di cuenta de que lo que estaba aprendiendo era mucho más que una medicina, era un modo de entender la vida diferente del habitual en nuestras latitudes y muy distinto del que se me estaba contando en mi universidad.

Para comprender por qué la medicina china clásica ha crecido de modo distinto de nuestra medicina, debemos explicar las dos filosofías que han influido enormemente en sus bases y desarrollo: el taoísmo y el confucionismo.

La filosofía taoísta, iniciada por el maestro Lao Tse, entiende el cuerpo humano, la salud y la enfermedad en relación constante con la naturaleza. Los taoístas sostienen que actuar conforme a la naturaleza permite aumentar la resistencia física, prevenir las enfermedades y retrasar el envejecimiento.

El confucionismo, que comenzó a desarrollarse hacia el siglo VI a. C. gracias a la figura de Kong Fu Zi (Confucio), seguramente contemporáneo de Lao Tse, tiene una gran influencia en la medicina china puesto que dicta unas normas morales muy estrictas que tienen como base la familia, el respeto al cuerpo humano y a las tradiciones.

Estas dos corrientes imprimen a la medicina o medicinas chinas, compendio de distintas sabidurías de curación, un fundamento de acciones preventivas de mantenimiento de salud que abarcan desde los ejercicios suaves, como el Tai Chi y Qi Gong para mover el «Qi» o los masajes energéticos, hasta las tradiciones en cuanto a la comida ligadas a las estaciones y a los distintos estados de salud.

En nuestras culturas han existido y existen también tradiciones de prevención ligadas a menudo al saber de las mujeres, aunque en la actualidad parece que las familias hemos abdicado de este cometido y dejamos a los profesionales sanitarios esta tarea en toda su amplitud. Grave error, porque estos conocimientos, muy útiles y efectivos, se basan en el empirismo de miles de años y no se enseñan en las facultades.

Hoy, en un mundo globalizado, en el que cada vez tiene menos sentido hablar de Oriente y Occidente, este libro nos ayuda a retomar la tradición de la prevención casera, ligada a la comida y a su elaboración.

Josefina Llargués une en su trabajo distintas tradiciones de cultura culinaria y nos enseña, como ya sabían nuestras abuelas y madres, que la cocina y los alimentos son verdadera alquimia y uno de los pilares en la prevención y en el cuidado de la salud. No lo olvidemos.

Isabel Giralt
Médico-acupuntora

Introducción

«El ser humano pasa la primera mitad de su vida arrui-
nando su salud y la otra mitad intentando restablecerla».

JOSEPH LEONARD GOLDSTEIN (1940)

El hombre del siglo XXI es el resultado de millones de años de trasformación biológica. Nuestros genes han ido evolucionando, adaptando nuestro organismo a las diferentes formas de alimentación que los cambios en el ambiente impusieron a nuestros ancestros. En el trascurso del proceso, la dieta ha moldeado profundamente nuestra capacidad metabólica y ha allanado el camino hacia la aparición de patologías modernas.

Numerosos estudios epidemiológicos coinciden en que los actuales hábitos alimentarios, fruto del bienestar socioeconómico experimentado en las últimas décadas en Occidente, mantienen una estrecha relación con las enfermedades actuales derivadas de la incompatibilidad entre el diseño evolutivo de nuestro organismo y el uso inadecuado que le damos, subrayando, así mismo, la relación entre la baja ingesta de frutas y verduras y el desarrollo de determinados tipos de cáncer.

La occidentalización comporta numerosos cambios en la alimentación y en el estilo de vida, implicando mayores niveles de estrés, tabaquismo, elevado consumo de alcohol, sedentarismo o sobrealimentación, así como excesiva ingesta de proteína animal, productos lácteos, grasas saturadas, azúcar blanco y otros carbohidratos refinados.

Un cambio en el régimen de vida, que fomente el binomio nutrición equilibrada-ejercicio y contemple un elevado porcentaje de alimentos inmunoestimulantes, ricos en antioxidantes, fitoquímicos y moléculas con propiedades anticancerosas, así como el abandono de los hábitos tóxicos más generalizados anteriormente descritos, podría reducir tanto la incidencia global de cáncer como de otras patologías patrimonio de la industrialización y de las sociedades del bienestar, que afectan a un alto porcentaje de la población en los países desarrollados y derivan en un elevado número de enfermedades crónicas y muertes anuales, fruto de enfermedades metabólicas o cardiovasculares.

El cáncer es una enfermedad poligénica y multifactorial. Las interacciones gen-dieta son en la actualidad intenso objeto de estudio por parte de distintas disciplinas, entre las que la nutrigenómica, enfocada al estudio del efecto de los nutrientes en la expresión e interacción de los genes, proteínas y metabolitos y su relación con la etiología o prevención de determinadas enfermedades, podría desempeñar en un futuro un papel preponderante.

Se han observado numerosos compuestos de la dieta que pueden alterar aspectos genéticos del individuo y, por tanto, influir sobre su salud. La presencia de micronutrientes esenciales en la alimentación *(vitaminas y minerales)* y de macronutrientes *(proteínas, lípidos e hidratos de carbono)* en su justa proporción, son factores indispensables para mantener la homeostasis del organismo, asociándose una ingesta poco equilibrada de estos nutrientes a alteraciones metabólicas, que pueden ocasionar daños irreversibles en el ADN.

Tanto los nutrientes esenciales como los nutrientes no esenciales y componentes bioactivos de determinados alimentos, parecen desempeñar un rol significativo en su influencia sobre procesos celulares, implicados tanto en la salud como en la resistencia a enfermedades; su correcto aporte en la dieta diaria representa una estrategia efectiva y libre de efectos secundarios en la disminución de la prevalencia de cáncer y otras enfermedades propias de la industrialización.

En este sentido, es muy interesante resaltar el rol potencial de los componentes bioactivos presentes en los alimentos, tales como:

Fitoquímicos: Se definen como inhibidores del crecimiento de tumores, con marcada acción anticancerígena: *carotenoides, flavonoides, índoles, isotiocianatos, polifenoles, alildisulfuro, monoterpernos, isoflavonas, lignanos, saponinas,* etcétera.

Fungoquímicos: Muestran propiedades para retardar el crecimiento de tumores y estimular la respuesta inmunológica del organismo, activando los macrófagos, linfocitos T e interleuquinas: β-*glucanos, lentinanos, esquizofilanos* y otros compuestos polisacarídicos de los hongos.

Zooquímicos: Presentan efectos positivos sobre el metabolismo lipídico y previenen enfermedades asociadas directamente a dicho metabolismo: *ácido linoléico, ácidos grasos poliinsaturados, omega 3 o folatos.*

Bacterioquímicos: *Equol* (un metabolito de la daidzeina, una isoflavona de la soja), que regula la función reproductiva, o el *butirato* y otros compuestos formados por la fermentación específica de fibras dietéticas por la microbiota intestinal, que regulan el equilibrio de su ecología.

Los *fitoquímicos y fungoquímicos,* grupos a los que pertenecen los hongos medicinales, de relevante trascendencia en la prevención de diversas patologías, se definen especialmente como inmunomoduladores e inhibidores del crecimiento de tumores.

Así mismo, es bien conocida la actividad metabólica de la flora intestinal tanto en la síntesis, digestión y absorción de nutrientes, como en la eliminación de tóxicos de la dieta. La composición de la dieta y, particularmente, la presencia de residuos dietéticos fermentables por la flora colónica ejercen un papel esencial en la salud de la ecología intestinal. En este aspecto, las setas parecen ser también una importante fuente de probióticos, dado su contenido en α y β-*glucanos* (polisacáridos hidrosolubles con gran capacidad para combatir una amplia gama de afecciones), *mananos, xilanos, quitina, hemicelulosa, galactanos, butirato* y otros compuestos formados por la fermentación específica de fibras dietéticas por la microbiota intestinal.

En los hongos están presentes, al mismo tiempo, compuestos con propiedades antioxidantes, antimicrobianas, antivíricas y anticancerígenas, con potencial para tonificar el sistema inmunológico sin hiperactivarlo, disminuir los niveles de colesterol o la tensión sanguínea, reducir las alergias y restablecer o regular las funciones hepáticas. A nivel nutricional, su consumo aporta principalmente a nuestro organismo: aminoácidos esenciales, polisacáridos, proteínas vegetales, minerales, vitaminas y una amplia variedad de enzimas.

Dada la extensa bibliografía disponible sobre el tema, los numerosos y rigurosos estudios científicos publicados acerca del papel de las sustancias biológicamente activas que, de forma natural, encontramos en ciertos alimentos, la trascendencia para nuestra salud de determinados nutrientes esenciales y no esenciales aportados a través de la dieta, así como la estrecha relación entre hábitos de vida y cáncer; la información expuesta consistirá en describir los efectos de los fungoquímicos y, más concretamente, los compuestos contenidos en tres de los principales hongos medicinales hasta ahora estudiados: shiitake, maitake y reishi, y sus propiedades antimutagénicas e inmunomoduladoras.

Así pues, la voluntad primaria de este libro es corroborar y apoyar la evidencia ampliamente contrastada acerca de la importancia de promover entre la población unos correctos hábitos alimentarios desde la más tierna infancia, tanto en la prevención como en el apoyo al tratamiento de las enfermedades derivadas de un estilo de vida antinatural, poco saludable y mal adaptado a nuestra condición humana.

El cáncer

¿Qué es el cáncer?

Las primeras descripciones de cáncer aparecen ya en antiguos escritos médicos chinos y árabes. El término *cáncer* es genérico y designa un amplio grupo de enfermedades que pueden afectar a cualquier parte del cuerpo. Se caracteriza por un crecimiento tisular producido por la proliferación continua de células propias alteradas, que no siguen los mecanismos de regulación normal de crecimiento, dando lugar a clonas, con capacidad de invasión y destrucción de otros tejidos y órganos.

El organismo humano alberga más de 60 billones de células. La diferenciación celular permite que cada una de ellas utilice los genes que son compatibles con su función. El mantenimiento de esta diferenciación celular es vital para el correcto funcionamiento orgánico. Cuando una de nuestras células sufre una agresión exterior causada por un virus, una sustancia cancerígena o un exceso de radicales libres que nuestro organismo es incapaz de neutralizar, responde mutando sus genes, y se desencadena así una respuesta inmunológica encargada de evitar formaciones neoplásicas; los tumores se desarrollan cuando el sistema de vigilancia inmune se daña o está deprimido.

La formación de tumores es relativamente frecuente en el trascurso de la vida de un individuo. En distintos estudios de anatomía patológica se ha observado que personas fallecidas por causas ajenas al cáncer mostraban microtumoraciones que no habían sido detectadas clínicamente con anterioridad.

La explicación radica en que los seres humanos contamos con un sistema inmunológico cuya principal función es defender nuestra integridad biológica frente a agresiones, tanto propias como del exterior. De no ser así, moriríamos a consecuencia de infecciones, virus, bacterias, hongos…, por lo que los microtumores que puedan generarse de forma espontánea en el organismo durante nuestro ciclo vital, no suelen evolucionar ni entrañar peligro para la salud, salvo que se produzca una perturbación en nuestra inmunidad que propicie su desarrollo y crecimiento, despertándolos de su letargo.

La célula constituye la unidad básica de cualquier ser vivo y, desde el punto de vista científico, el cáncer es esencialmente una enfermedad de la célula que puede desarrollarse lenta, silenciosa y progresivamente durante años e incluso décadas antes de producir sintomatología. Así pues, si tenemos en cuenta que uno de cada tres cánceres está íntimamente relacionado con la alimentación, comprenderemos la importancia que una dieta y hábitos saludables jugarán en su prevención. Desde esta perspectiva, debería contemplarse el cáncer como una enfermedad crónica sobre la que podemos actuar diariamente en un alto porcentaje, alimentándonos de forma equilibrada y saludable e incluyendo en nuestra dieta alimentos ricos en compuestos anticancerosos, como las setas aquí descritas.

Etapas de desarrollo del cáncer

El cáncer es una enfermedad poligénica y multifactorial. Cada tipo de cáncer posee sus propios factores desencadenantes, sin embargo, el proceso de desarrollo, común a todos ellos, se divide en tres fases:

Iniciación: Etapa inicial del proceso canceroso, en el que un daño irreversible en el ADN de la célula genera una mutación que se trasmite a todos sus descendientes. Salvo excepciones, en este estadio las células mutadas no se consideran todavía cancerosas; necesitan un ambiente propicio para seguir creciendo y mutando, por lo que ciertas moléculas presentes en determinados alimentos pueden mantener los tumores potenciales en estado latente e impedir el paso a la siguiente fase.

Promoción: Este período, generalmente largo, puede oscilar entre un año o varias décadas, en función del entorno más o menos propicio en el que se desarrolle la célula modificada, hasta derivar en un cáncer. En esta fase, aún reversible en muchos casos, es indispensable seguir trabajando desde la prevención y evitar la influencia de carcinógenos a través de la alimentación, hábitos tóxicos, sedentarismo, estrés, cosméticos… Nuevamente en este período, diversos compuestos anticancerosos contenidos en algunos alimentos pueden ayudar a mantener el tumor en un estadio precoz, evitando que derive a la fase de progresión.

Progresión: Cuando el cáncer está en su fase de progresión, las células trasformadas se replican a velocidad de vértigo y adquieren una independencia y características que las hacen prácticamente inmortales. Pueden alcanzar otros puntos del organismo a través del sistema linfático o la circulación sanguínea para crear nuevos núcleos tumorales; este proceso se conoce como *metástasis.*

En este estadio de la enfermedad, los hábitos saludables, a todos los niveles, muy raramente serán suficientes para una *remisión espontánea.* No obstante, una alimentación anticáncer, durante y después del tratamiento oncológico, actuará de forma sinérgica y favorecerá un mejor pronóstico al tonificar el sistema inmunológico y aumentar la capacidad de resistencia del organismo.

El cáncer en cifras

Existe la opinión generalizada de que el cáncer está más íntimamente ligado a nuestra herencia genética que a nuestro estilo de vida. Sin embargo, todas las investigaciones sobre el tema coinciden en que los factores genéticos explican como máximo el 15 por 100 de la mortalidad por cáncer; mientras que alrededor del 30 por 100 de las muertes por cáncer se atribuye esencialmente a cinco factores de riesgo conductuales y dietéticos:

– Índice de masa corporal elevado (indicador de sobrepeso u obesidad)
– Baja ingesta de alimentos del reino vegetal y elevado consumo de proteínas animales, grasas saturadas o hidrogenadas, azúcar blanco y harinas refinadas
– Sedentarismo
– Excesivo consumo de alcohol
– Tabaquismo

El cáncer se erige hoy como uno de los problemas sociosanitarios de mayor magnitud. Según datos de la Organización Mundial de la Salud (OMS), junto con las enfermedades cardiovasculares, el cáncer es actualmente una de las primeras causas de muerte a nivel mundial: se estima unos 7,6 millones las defunciones en el 2008 (aproximadamente un 13 por 100 del total). Dicho organismo juzga que alrededor de un 40 por 100 de los cánceres podría evitarse adoptando pautas de comportamiento saludables.

Los cánceres que a nivel mundial causan mayor número anual de muertes según la OMS son, por este orden: pulmón, gástrico, hepático, colorrectal, mamario y cervicouterino. La citada institución prevé que el número de defunciones anuales por cáncer seguirá aumentando hasta alcanzar la cifra de 13,1 millones de muertes anuales en todo el mundo en el año 2030.

El incremento de la incidencia de cáncer en el mundo demuestra que esta enfermedad sigue siendo en la actualidad un importante problema de salud pública, tanto en términos de morbimortalidad como de impacto socio-económico y calidad de vida del paciente oncológico, que se agravará con el progresivo envejecimiento de la población.

Un estudio publicado por el European Journal of Cancer (EJC) estima que en el año 2012 la incidencia de cáncer en Europa fue de 3,45 millones de nuevos casos (exceptuando el cáncer de piel no melanoma) y de 1,75 millones de muertes por cáncer. Los cánceres más comunes fueron los de mama en mujeres (464.000 casos), seguidos por el colorrectal (447.000), próstata (417.000) y pulmón (410.000). Estos cuatro tipos de cáncer representan la mitad del total de cánceres en Europa.

El EJC cita, en el mismo estudio, que las causas más comunes de muerte por cáncer en Europa en 2012 fueron: pulmón (353.000), colorrectal (215.000), mama (131.000) y estómago (107.000). Según la OMS, el tabaco es el factor de riesgo más importante y la causa del 22 por 100 de las muertes mundiales por cáncer en general y del 71 por 100 de las muertes mundiales por cáncer de pulmón.

En España se diagnostican más de 200.000 nuevos casos anuales de cáncer, sin contar el cáncer de piel no melanoma, en la prevención del cual el control de una excesiva exposición al sol desde la infancia juega un papel fundamental.

La incidencia global de cáncer prevista para la población española en el año 2015 es de 222.069 casos (136.961 hombres y 85.108 mujeres). El tipo más frecuente será el cáncer colorrectal que, en términos globales, se sitúa por delante de los cánceres de pulmón y mama.

A la vista de las cifras expuestas, se observa la alta incidencia de los cánceres de mama y gastrointestinales, y en numerosos estudios se destaca que una alimentación desequilibrada, la ingesta excesiva de alcohol, la obesidad y el sedentarismo son factores de riesgo para su desarrollo, mientras que, como se ha comentado anteriormente, la incidencia de cáncer de pulmón y otros tipos de cáncer podría disminuir mediante un adecuado control del tabaco y el alcohol.

Según la Asociación Española Contra el Cáncer (AECC), más de 32.000 muertes anuales por cáncer en España son debidas a una dieta inadecuada y al sedentarismo, y se aconseja la prevención primaria, a través de la práctica de ejercicio y hábitos saludables, como unos de los principales factores para reducir su incidencia.

Datos de la AECC, alertan que el 14,5 por 100 de la población española comprendida entre 35-60 años es obesa y que entre el 35-40 por 100 tiene sobrepeso. Paralelamente, la obesidad infantil se ha triplicado en las últimas décadas y mientras que en el año 1984 sólo el 5 por 100 de los niños españoles eran obesos, en la actualidad, debido al sedentarismo y abandono de la dieta mediterránea, este porcentaje se ha elevado al 16 por 100.

A nivel mundial, según datos de la OMS, se estima que hay 43 millones de niños menores de 5 años con obesidad o sobrepeso. A la vista de estas cifras, la obesidad infantil se convierte en uno de los problemas de salud pública más graves del siglo XXI, ya que los niños obesos o con sobrepeso tienden a seguir siéndolo en la edad adulta, con el consiguiente riesgo de padecer enfermedades no trasmisibles como diabetes, patologías cardiovasculares o determinados tipos de cáncer a más temprana edad.

Diversos estudios realizados en los países industrializados muestran, así mismo, que la incidencia de cáncer antes de los 15 años aumentó a partir de las últimas décadas del siglo XX, y ha continuado en progresión a principios del actual milenio. Se barajan distintas hipótesis al respecto, y como algunas de las posibles causas se apuntan la contaminación, el sedentarismo y la comida rápida.

Aunque no se trata de un fenómeno nuevo, la incidencia de cáncer múltiple en las últimas décadas, definido por la International Agency for Research on Cancer (IARC) como «la existencia de dos o más cánceres primarios que no son ni extensión, ni recurrencia, ni metástasis y que están localizados en lugares diferentes, o en el mismo lugar, si son histológicamente diferentes», está aumentando en casi todo el mundo desarrollado. Se observa, así mismo, que uno de cada diez supervivientes de cáncer desarrolla un segundo cáncer primario.

En este sentido, es de vital importancia que las personas que hayan sufrido un cáncer mantengan un estilo de vida saludable a lo largo de toda su vida, que preserve la salud de su sistema inmune, formado esencialmente por neutrófilos, macrófagos, monocitos, *natural killers* (NK), linfocitos T y B; células inmunitarias que constantemente velan por nuestra integridad, promoviendo la *apoptosis*, un poderoso y minuciosamente diseñado programa para forzar el suicidio de las células que presentan lesiones en el ADN o que ya no son funcionales, sin dañar a células vecinas o inflamar los tejidos.

Importancia del estilo de vida en la prevención y apoyo al tratamiento del cáncer

Las cifras muestran que, en general, el cáncer no se hereda, lo que se hereda son las costumbres alimentarias, ambientales y de vida que favorecen y abonan el terrero para su desarrollo. El cortejo de enfermedades metabólicas, cardiovasculares y determinados tipos de cáncer, propios de las sociedades más industrializadas, son poco frecuentes en poblaciones con un nivel de progreso inferior al nuestro, que basan su forma de vida en un modelo tradicional de agricultura y ganadería.

No debemos olvidar que la alimentación fue durante mucho tiempo la única medicina del hombre. Todas las grandes civilizaciones y culturas han resaltado, a lo largo de la historia, los efectos beneficiosos de plantas y alimentos, así como sus múltiples propiedades terapéuticas. Ahora, más que nunca, urge la recuperación de la alimentación tradicional y el abandono de determinadas prácticas alimentarias que favorecen la inflamación crónica del organismo y abonan el terreno para el desarrollo del cáncer.

Así, los mal llamados alimentos, tan habituales en la dieta occidental, como el azúcar blanco y las harinas refinadas, las grasas hidrogenadas o los aceites vegetales refinados, pobres en proteínas, vitaminas, minerales y grasas saludables, que nuestro organismo requiere en cantidad suficiente para su equilibrio y correcto funcionamiento, no deberían formar parte de nuestra alimentación.

Diferentes poblaciones alrededor del mundo muestran distintos tipos de cáncer en función de su alimentación y hábitos de vida. Estudios realizados con poblaciones inmigrantes señalan que éstos abandonan rápidamente los niveles de cáncer de sus países de origen y adquieren los de mayor incidencia en su nueva residencia, en ocasiones en una sola generación. De este modo, mujeres japonesas que emigraron a California, dejaron atrás elevados niveles de cáncer gástrico de su país natal y los sustituyeron por una alta incidencia de cáncer de mama y colorrectal del país huésped.

Desde la concepción hasta la muerte, la alimentación es fundamental para cualquier ser humano, razón por la cual las prácticas dietéticas, individuales o familiares, se erigen como uno de los factores más relevantes en la modulación de la expresión génica a lo largo de la vida de una persona.

Si bien es cierto, como hemos visto, que hay un cáncer latente dentro de cada uno de nosotros y que nuestro organismo genera células defectuosas constantemente, también lo es que el cuerpo, gracias al sistema inmunológico, dispone de distintos mecanismos para su detección y bloqueo. Es, por tanto, de vital importancia mejorar nuestros patrones alimentarios y adoptar un estilo de vida saludable que tonifique nuestra inmunidad, revalorizando el trascendental papel de la alimentación sana y equilibrada, como una de las principales armas a nuestro alcance, para mantener o prolongar la salud y calidad de vida.

Existen evidencias científicas sobre la prevención del cáncer; se estima que hasta un 80-90 por 100 de los cánceres de las poblaciones de países industrializados pueden atribuirse a causas ambientales en el más amplio sentido del término, englobando prácticas alimentarias, culturales y sociales; motivo por el cual la prevención primaria del cáncer constituye, sin duda, una importante área de salud pública.

La comunidad científica coincide en destacar que los principales factores de riesgo de desarrollo de cáncer más extensamente relacionados con la dieta son, como se ha señalado, el sobrepeso y la obesidad, lo cual implica una mayor incidencia de cánceres de esófago, estómago, colon, hígado, endometrio, próstata, riñón y mama (postmenopáusico). Se estima que una alimentación saludable, el mantenimiento del peso corporal dentro de los rangos adecuados y la práctica habitual de ejercicio físico pueden contribuir a reducir su incidencia entre un 30 y un 40 por 100.

Con relación al cáncer del aparato gastrointestinal (esófago, estómago y colon), diversos estudios señalan que, en este tipo de cánceres, la proporción de muertes ligada directamente a la alimentación podría alcanzar el 90 por 100.

Como protección frente a determinados tipos de cáncer estrechamente relacionados con los malos hábitos de vida, el

Código Europeo Contra el Cáncer, entre otras indicaciones, aconseja la adopción de unos hábitos de vida saludables que, redundando en lo anteriormente expuesto, pueden resumirse en:

- Evitar la obesidad y el sedentarismo
- Abandonar el tabaquismo y limitar el consumo de alcohol
- Aumentar el consumo diario de verduras, frutas y hortalizas frescas
- Limitar la ingesta de alimentos ricos en grasa animal

En conclusión, podemos protegernos del cáncer en un elevado porcentaje mediante la adopción de unos hábitos de vida saludables y una correcta alimentación; reduciendo o evitando al máximo la ingesta de alimentos que puedan actuar como fertilizante de posibles tumores latentes y potenciando el consumo de alimentos ricos en fitoquímicos y antioxidantes con demostrado efecto anticáncer, que nos regala en abundancia el reino vegetal.

No debemos olvidar tampoco, la importancia de controlar la ansiedad, la depresión o el estrés crónico, situaciones que no siempre se mencionan al hablar de cáncer, pero que, sin embargo, parecen tener una manifiesta incidencia a nivel inmunológico, modulando la susceptibilidad a enfermar o alterando la evolución positiva de la propia enfermedad. En este sentido, evitar el sedentarismo, practicar yoga, meditación, técnicas de relajación…, puede resultar de gran apoyo.

Micoterapia y hongos: concepto y generalidades

La alimentación y la medicina natural han ido de la mano en el trascurso de toda la historia de la humanidad, tanto en el tratamiento como en la prevención de numerosas dolencias. En la actualidad, con mayor base científica, la investigación evidencia que la alimentación juega un papel especialmente relevante, tanto desde el punto de vista profiláctico como en el tratamiento de la enfermedad.

El primer libro donde se citaron hongos medicinales fue el *Libro de las hierbas de Shen Nongs* (2700 a. C.). Siglos más tarde, Li Shih-Chen (s. XVI), uno de los más grandes naturalistas de la antigua China, recogió en otro tratado información de más de veinte especies distintas de hongos.

Del griego *mykes* (hongo) y *therapeia* (tratamiento), la micoterapia se define como la ciencia que estudia la aplicación de hongos en la salud, con el objetivo de prevenir, atenuar o curar un estado patológico.

Hongo o seta es la parte floral de un organismo mucho más grande y complejo que se desarrolla generalmente bajo tierra, el micelio, una fina y tupida red de hilos orgánicos que puede alcanzar grandes extensiones y da sus frutos en determinadas épocas del año, produciendo unos órganos sexuales que afloran al exterior para conquistar nuevos territorios, gracias a la dispersión ambiental de sus esporas o semillas.

Los micelios micorrizan la mayor parte de los árboles del planeta, así como una gran variedad de plantas, protegiéndolas de un sinfín de patologías, alargándoles la vida y manteniendo una relación simbiótica con sus raíces. Aportan a árboles y plantas, minerales que extraen del suelo y determinadas hormonas de crecimiento, y éstos, a su vez, les suministran azúcares y otros compuestos orgánicos energéticos que los hongos no son capaces de sintetizar. Cuando el árbol o la planta mueren, los micelios se encargan de trasformar la materia muerta en compuestos químicos útiles para la vida, limpiando los sustratos de materia orgánica y de metales pesados.

Aunque en la tierra existen alrededor de 140.000 especies distintas de hongos, en la actualidad se conoce aproximadamente tan sólo el 10 por 100, y se han identificado más de 270 especies con propiedades inmunoterapéuticas, de las cuales 50 especies de hongos no tóxicos han mostrado potencial inmunocéutico en experimentos de laboratorio y tan sólo algunas de estas especies han sido estudiadas, hasta el momento, en cánceres humanos u otras patologías.

Durante milenios, los hongos han sido empleados por la medicina tradicional china (MTCH) para el consumo humano por sus características organolépticas, nutritivas y medicinales, y se han introducido progresivamente en la medicina occidental. Algunas de las principales virtudes que la MTCH les atribuye son:

- Estimulación del Qi (energía vital)
- Capacidad para detoxificar y tonificar la sangre
- Propiedad de reequilibrar el yin y el yang (conceptos del taoísmo que ilustran la dualidad de todo lo existente en el universo, describiendo dos fuerzas independientes en movimiento equilibrado, presentes en todo lo que nos rodea: día-noche, salud-enfermedad, frío-calor, amor-odio…)

En Occidente, se están desarrollando en las últimas décadas interesantes investigaciones científicas sobre los compuestos bioactivos contenidos en determinados alimentos, así como los fungoquímicos presentes en los hongos y sus mecanismos de acción en el tratamiento de distintas enfermedades, especialmente el cáncer, tanto por su capacidad inmunomoduladora como terapéutica.

Algunos hongos se describen en la actualidad como alimentos funcionales, al contener sustancias que, además de su aporte nutricional, regulan funciones corporales específicas, lo que en la literatura anglosajona se conoce como *Biological Response Modifiers* (BRM), concepto que, como el de alimento funcional, está a medio camino entre el alimento simple y el nutracéutico o medicamento, dada su capacidad para activar el sistema inmunológico del huésped, con unas propiedades únicas.

Los β-glucanos presentes en los hongos son polisacáridos que muestran una actividad diferente a la de determinados medicamentos con capacidad estimulante del sistema inmunológico, al tonificarlo sin llegar a generar una hiperactivación. La acción de la micoterapia a nivel terapéutico, según se desprende de la literatura consultada, reside precisamente en la recuperación del principio de inmunovigilancia, dado que los β-glucanos contenidos en los hongos poseen la capacidad de estimular la inmunidad innata que desempeña una función de primer orden en la destrucción de las células trasformadas.

Paralelamente, los β-glucanos de los hongos tienen el potencial de reducir el colesterol, contribuyen a la rápida cicatrización de heridas, desempeñan un importante papel en la prevención de infecciones y pueden constituir una valiosa arma terapéutica como coadyuvante al tratamiento del cáncer.

Los hongos son así mismo, como se ha comentado anteriormente, ricos en fibra con capacidad prebiótica y efecto beneficioso sobre la microbiota intestinal, que desarrolla una intensa actividad metabólica que permite mantener una relación de simbiosis o comensalismo con el huésped. La actividad bioquímica microbiana actúa colectivamente como un órgano, interviniendo en un incremento de la biodisponibilidad de nutrientes, en la degradación de compuestos no digeribles de la dieta, en el aporte de nuevos nutrientes y en la eliminación de compuestos perjudiciales para el organismo, con la consiguiente repercusión en nuestra nutrición y salud. En este sentido, a nivel gastrointestinal los hongos:

– Por su particular composición de polisacáridos, son una buena fuente de prebióticos (ingredientes no digeribles de la dieta que producen efectos beneficiosos, estimulando selectivamente el crecimiento o actividad de las bacterias del colon), que contribuyen a la correcta función intestinal y que tienen propiedades antiinflamatorias y sustancias antimicrobianas que favorecen la reducción de patógenos.

– Mejoran la inmunidad entérica mediante la estimulación de macrófagos intestinales que controlan la presencia de microorganismos patógenos y sustancias tóxicas.
– Contribuyen a la regeneración de la mucosa intestinal, por su capacidad antiinflamatoria y su elevado contenido en polisacáridos, vitamina B y minerales.
– Ayudan al organismo a la gestión del estrés por su capacidad adaptógena.

En dosis terapéuticas se ha observado que la absorción de los polisacáridos de los hongos mejora ostensiblemente en presencia de la vitamina C, lo cual sugiere que nuestras recetas con hongos deberían acompañarse de una refrescante y variada ensalada para mejorar su absorción y asimilación.

El shiitake, el maitake y el reishi presentan una estructura molecular común que son los β-glucanos. No obstante, sus principios activos individuales les otorgan, además, tropismo para actuar en dos o más sistemas a la vez, en función de la patología a tratar, como veremos en el apartado dedicado a cada uno de ellos.

A la vista de lo expuesto, observamos que las propiedades de los hongos, al igual que las del resto de alimentos que deberían formar parte diariamente de una dieta equilibrada: *verduras y hortalizas, fruta fresca, cereales integrales, especias y hierbas aromáticas, leguminosas, frutos secos y semillas o aceites vegetales vírgenes,* los convierten en ingredientes básicos de nuestra despensa y en parte esencial de una nutrición saludable, en la que los alimentos del reino vegetal deberían gozar de un papel protagonista.

Hongos medicinales

Prevención y apoyo al tratamiento del cáncer

Aunque hasta hace pocas décadas las propiedades de los hongos medicinales se desconocían en Occidente, la gastronomía y la farmacopea de la medicina tradicional china (MTCH) ha utilizado durante siglos determinadas setas medicinales, como el shiitake, el maitake o el reishi, tanto en la prevención como en el tratamiento de múltiples enfermedades y, aunque su actividad inmunomoduladora y anticancerígena ha constituido una de las principales aplicaciones terapéuticas de estos hongos, se han investigado paralelamente sus cualidades antimicrobianas y antioxidantes.

En la actualidad, estudios más rigurosos y con mayor base científica, realizados tanto en Oriente como en Occidente, confirman que estos tres hongos poseen compuestos muy interesantes por sus características nutricionales y estimulantes del sistema inmune, por lo que el término *hongo medicinal* está ganando progresivamente reconocimiento mundial.

Los últimos avances en tecnología química permiten aislar y purificar algunos de sus principales compuestos, especialmente los polisacáridos, con capacidad para estimular el sistema inmunitario y frenar la proliferación de células tumorales. La investigación y experiencia en países de Asia, América y Europa muestra que a nivel terapéutico los hongos podrían desempeñar un importante papel en el futuro, tanto en la prevención del cáncer o desarrollo de un segundo cáncer como en el apoyo a los actuales tratamientos oncológicos.

Aunque no todos los hongos gozan del mismo potencial terapéutico, pues en algunos estos compuestos beneficiosos se encuentran presentes en pequeña cantidad, en las distintas especies de hongos estudiadas hasta ahora se han identificado numerosas moléculas bioactivas con capacidad inmunomoduladora, incluyendo sustancias antitumorales.

Las propiedades genéricas de las setas se deben, básicamente, a tres tipos de compuestos bioactivos:

- Polisacáridos y glicoproteínas, que actúan tanto a nivel inmunitario como en la prevención de enfermedades.
- Enzimas, con capacidad para prevenir el estrés oxidativo: *superóxido dismutasa (SOD), glucosaoxidasa, peroxidasa, catalasa...*
- Metabolitos secundarios, con diversas actividades biológicas: *lectinas, esteroles, triterpenos, antibióticos, alcaloides, sustancias quelantes...*

Algunos de estos compuestos son similares a los encontrados en plantas *(vitamina C, D, E, fenoles, esteroles, fibra alimentaria, carotenoides, etcétera)*, pero otros son totalmente distintos, lo que deja una ventana abierta a la investigación para su posible inclusión en la producción de nuevos alimentos saludables.

En general, todos los hongos modulan la respuesta inmune innata, aunque difieren en su efectividad contra patologías o tumores específicos y su capacidad para obtener distintas respuestas celulares, particularmente en la expresión y producción de citoquinas (conjunto de proteínas de bajo peso molecular, sintetizadas principalmente por las células del sistema inmune).

La literatura consultada describe tropismos específicos para cada uno de ellos, como veremos en el apartado dedicado específicamente a la revisión del shiitake, del maitake y del reishi, por lo que la utilización en extracto estandarizado a nivel terapéutico de uno u otro hongo medicinal dependerá de la patología a tratar.

Numerosos artículos científicos ponen de manifiesto que, empleados en dosis terapéuticas, los hongos pueden constituir una forma dulce y no invasiva de tratamiento, tanto en la prevención de metástasis tumoral como en el tratamiento coadyuvante a los actuales protocolos oncológicos, sugiriendo que sus polisacáridos pueden prevenir la oncogénesis (proceso de formación y desarrollo de un tumor), mostrar una actividad antitumoral directa contra diversos tumores y prevenir la metástasis (propagación de un foco canceroso a un órgano distinto de aquél en el que se inició, por vía sanguínea o linfática generalmente).

Hongos como el shiitake, el maitake o el reishi, entre otros, utilizados en extracto estandarizado a nivel terapéutico, no poseen una acción directa sobre las células cancerígenas, sino que sus efectos antitumorales se deben a la activación de distintas respuestas inmunológicas en el huésped, estimulando las células *natural killer* (NK), los linfocitos T y las respuestas inmunológicas dependientes de los macrófagos, de forma que en el momento en que una célula de nuestro organismo se comporte de forma anómala, se desencadene a nivel inmunológico una respuesta rápida, específica y eficiente.

Así, sus principales propiedades antitumorales e inmunomoduladoras en dosis terapéuticas, podrían resumirse en los siguientes puntos:

– Prevención de la oncogénesis
– Actividad antitumoral directa contra diversos tipos de tumores
– Actividad inmunopotenciadora contra los tumores en combinación con quimioterapia
– Efecto preventivo de metástasis

Su utilización en extracto a nivel terapéutico, sin embargo, tal y como se ha subrayado en capítulos anteriores, no es el propósito de este libro, y se mencionan única y exclusivamente algunos recientes estudios científicos publicados sobre el tema, para ilustrar el potencial terapéutico de estos tres hongos medicinales y sugerir su inclusión en el grupo de alimentos saludables, ricos en antioxidantes, fitoquímicos y moléculas anticáncer, que no deberían faltar en nuestra dieta diaria, bien sea para trabajar desde la prevención, actuar de forma sinérgica a los tratamientos oncológicos o prevenir posibles recidivas.

Paralelamente, las personas que han sobrevivido a un cáncer han estado expuestas a factores carcinogénicos adicionales, tales como altas dosis de radiación para su tratamiento, que podrían sugerir una inestabilidad genómica posterior, razón por la cual una dieta saludable, en la que los alimentos de origen vegetal predominen por encima de los del reino animal, se erige como pilar fundamental en la prevención de posibles recaídas.

A pesar de la extensa bibliografía existente y de los estudios realizados en las últimas décadas sobre el shiitake, el maitake y el reishi, estos tres hongos medicinales y otros que también están siendo actualmente objeto de estudio por parte de científicos e investigadores, comprenden todavía un vasto y aún inexplorado camino de potentes nuevos productos farmacéuticos, lo que representa una ilimitada fuente de polisacáridos con propiedades antitumorales e inmunoestimulantes.

Recomendaciones en la dieta

«Las medicinas y los alimentos tienen un origen común».

(ANTIGUO PROVERBIO CHINO)

En Asia durante siglos se ha empleado una gran diversidad de alimentos como remedios populares para prevenir distintas enfermedades, y se ha utilizado una extensa variedad de plantas y extractos de hongos medicinales con fines terapéuticos. En este sentido, tal y como se ha descrito en páginas anteriores, merecen especial atención el shiitake, el maitake y el reishi.

Los hongos son seres extremadamente delicados pero con innumerables propiedades capaces de mejorar y preservar nuestra salud. Su riqueza en proteínas los convierte en la «carne» del bosque, especialmente en su forma seca, pudiendo equipararse a la carne de ternera.

Son relativamente pobres en azúcares simples, con un índice glucémico bajo y una elevada digestibilidad, si se comen en pequeña proporción. Constituyen una importante fuente de hidratos de carbono complejos y fibra, indispensable para mantener la salud de la microbiota intestinal. Reducen los niveles de colesterol en sangre, aportan al organismo gran diversidad mineral: hierro, fósforo, selenio, potasio, zinc, manganeso, cobre o germanio; este último fundamental en la prevención de procesos tumorales.

Los hongos son bajos en calorías y ricos en agua fisiológica, razón por la cual se estropean fácilmente y resultan ideales, en cantidad moderada, en dietas de control de peso. Ricos en oligoelementos, vitamina C, ergosterol (precursor de la vitamina D), provitamina A y grupo B, especialmente niacina y riboflavina, estos tres hongos medicinales suministran también a nuestro organismo una gran variedad de enzimas y polisacáridos, especialmente β-glucanos, con gran capacidad para combatir una amplia gama de afecciones.

Otras sustancias bioactivas como terpenos, lípidos saludables y fenoles, han sido también identificadas en el shiitake, el maitake y el reishi, así como en algunos de los hongos estudiados hasta ahora; por lo que se consideran alimentos funcionales.

Sin embargo, su valor terapéutico no reside tanto en sus nutrientes sino, como se ha venido comentando a lo largo de los capítulos, en sus principios activos, muy especialmente los polisacáridos, principalmente β-glucanos, por su acción inmunomoduladora. La gran variedad de polisacáridos biológicamente activos con propiedades inmunoestimulantes contenidos en estos tres hongos medicinales contribuyen a sus ampliamente estudiados efectos anticancerígenos.

El shiitake y el maitake, además de sus propiedades inmunomoduladoras, constituyen un excelente ejemplo de alimento-medicina, pudiendo incluirse de forma habitual en numerosos platos de nuestra cocina diaria, dada su riqueza en compuestos con capacidad para modular la expresión de los genes en determinados tipos de cáncer. El reishi, por sus características organolépticas, ve restringida su aplicación a tan sólo algunas preparaciones, como veremos en el apartado de recetas.

Así, al igual que el resto de nutrientes esenciales y no esenciales que deberíamos ingerir a partir de una dieta sana, equilibrada y suficiente, acorde con nuestro gasto energético diario, en la que las proteínas vegetales y los alimentos del reino vegetal deberían disfrutar de una notoria presencia, estos tres hongos medicinales pueden incluirse de forma habitual en numerosos platos de nuestra cocina diaria.

Una condición indispensable para que un determinado compuesto contenido en un alimento pueda ejercer su efecto favorable sobre el organismo, es que sea capaz de llegar al torrente sanguíneo. En este sentido, resultados publicados acerca de la actividad de las setas comestibles, ponen de manifiesto que una buena parte de los compuestos beneficiosos presentes en las setas son «biodisponibles», es decir, son capaces de resistir las cocciones caseras, la digestión humana, ser absorbidos por la barrera intestinal y trasferidos a la sangre, conclusión que aconsejaría su inclusión en la dieta habitual.

La mayoría de hongos medicinales son comestibles: shiitake, maitake, champiñón del sol *(Agaricus blazei Murill)*, champiñón de París *(Agaricus bisporus)*, seta de ostra *(Pleurotus ostreatus)*, etcétera. La facilidad con la que pueden encontrarse frescos o algunas variedades deshidratados, permite que podamos aprovechar durante todo el año sus magníficas propiedades nutricionales y tonificantes de nuestro sistema inmunológico, así como disfrutar de su exquisito aroma y sabor, capaz de realzar cualquier receta.

En Oriente, además de su utilización a nivel gastronómico y terapéutico, las setas medicinales se han tomado durante siglos en decocción, posibilitando así la extracción de los β-glucanos y otros polisacáridos para que sean biodisponibles y puedan pasar al torrente sanguíneo por vía digestiva, como es el caso del reishi, que debido a su sabor amargo se consume tradicionalmente como un extracto en agua caliente, empleándose básicamente con fines medicinales, ya sea en decocción, extracción acuosa, alcohólica, glicerínica, etcétera.

En tiendas especializadas encontraremos reishi laminado que podremos incorporar a nuestras infusiones, sopas o caldos, beneficiándonos así de sus magníficas propiedades adaptógenas y tonificantes de nuestro sistema inmune, así como miel de reishi, deliciosa para untar en el pan o añadir a determinados postres, infusiones, vinagretas…

Actuando desde la prevención, objetivo fundamental de este libro, podría recomendarse la incorporación de estos hongos medicinales en nuestra cocina en pequeña cantidad y de forma periódica, como cualquier otro ingrediente de nuestras recetas, tanto por su riqueza en nutrientes y propiedades organolépticas, como por su demostrado poder antitumoral.

Tanto en su forma seca, previamente hidratados, como en su forma fresca, pueden añadirse a la cocción de caldos, sopas, cremas de verduras, cereales integrales, legumbres, estofados, *risottos,* cocinarse a la plancha con ajo y perejil, saltearse e incorporarse como un ingrediente más a ensaladas templadas, empanadas, cocas de verduras, tartas saladas, masas para croquetas o hamburguesas, mezclarse con algas, proteína vegetal, como el tofu, el tempeh o el seitán, saltearse con verduras… Su riqueza proteica y versatilidad de utilización nos ofrece un amplio abanico de posibilidades para no convertir la proteína animal, especialmente la carne y los embutidos, en el centro de nuestra dieta.

Evitar el sedentarismo y los hábitos tóxicos, prevenir el estrés y la ansiedad, apostar por una alimentación sana y equilibrada, con predominio de alimentos del reino vegetal por encima de los del reino animal e incluir en la dieta determinados hongos con reconocidas propiedades medicinales, podría resultar una interesante arma terapéutica, especialmente valiosa también desde el punto de vista profiláctico, tanto en la prevención de los cánceres asociados a la dieta, como en el desarrollo de otras enfermedades propias de las mal llamadas sociedades del bienestar.

En este sentido, al margen de comentar en el siguiente apartado las principales características y tropismo por determinados órganos del shiitake, el maitake y el reishi, la última parte del libro incluye un recetario con algunas ideas para incluir de forma práctica, sencilla y saludable estos tres magníficos hongos medicinales en la cocina diaria.

No debemos olvidar, sin embargo, que los hongos son seres heterótrofos que se alimentan del entorno en el que viven, actuando como esponjas y absorbiendo los elementos presentes en el sustrato. Por ello, tanto si los consumimos en su forma fresca como seca, deberían proceder idealmente de cultivo ecológico o terrenos limpios, para garantizar al máximo su pureza y ausencia de insecticidas, pesticidas o metales pesados.

Principales propiedades

SHIITAKE

Nombre japonés: Shiitake
Nombre chino: Xianggu o Hoang-Mo
Nombre usual en castellano e inglés: Shiitake
Nombre científico: *Lentinus edodes* o *Lentinula edodes*

> *«Si alguien busca la salud, pregúntale si está dispuesto a evitar en el futuro las causas de la enfermedad».*

(SÓCRATES, 470-399 a. C.)

El shiitake es un auténtico regalo para la salud. Originario de China y cultivado desde hace milenios también en Japón, ha formado parte de la gastronomía de ambas culturas desde tiempo inmemorial y es muy apreciado en ambos países, tanto como alimento como por sus propiedades terapéuticas.

En japonés *shii (Castaneopsis cuspidata)*, hace referencia a una especie de castaño y *take* significa «hongo de la madera». Así, *shiitake* significa literalmente «seta del shii». En su medio natural, el shiitake vive en ambientes boscosos y crece y se desarrolla sobre los troncos del *shii* de forma saprófita, y desarrolla su ciclo vital sobre materia orgánica inerte. Se caracteriza por formar setas muy perfumadas, con el sombrero de color marrón oscuro a marrón dorado.

En la antigua China el shiitake era considerado como uno de los hongos con mayores propiedades terapéuticas, además de un remedio espiritual con cualidades para alimentar el alma, que durante siglos se ha empleado en la medicina tradicional china (MTCH) como tónico y alimento potenciador de la fuerza vital del organismo, favoreciendo la longevidad y la virilidad.

El hongo shiitake contiene *lentinano,* un polisacárido que actúa como inmunomodulador, inhibiendo el crecimiento tumoral, estimulando los macrófagos, los linfocitos T y la síntesis de interferón.

La MTCH y recientes investigaciones, dejan patente que los *lentinanos* aislados del shiitake utilizados en dosis terapéuticas y en extracto estandarizado, pueden actuar como agente inmunomodulador en distintos tipos de cáncer: *mama, pulmón, páncreas, estómago, próstata, hígado, colorrectal, leucemia o sarcomas.* Los β-glucanos de este hongo medicinal muestran también un efecto terapéutico sobre la caquexia neoplásica (pérdida de peso, astenia e incapacidad para desarrollar actividades mínimas).

Así mismo, estudios realizados con shiitake en pacientes oncológicos sometidos a quimioterapia concluyen que la concomitancia del extracto estandarizado del hongo con la quimioterapia es segura y mejora la calidad de vida y la función inmune de los pacientes, con un mayor recuento de células linfocitarias y un aumento de las células *natural killer* (NK).

Se describe, al mismo tiempo, su aplicación en el tratamiento de otras patologías: *trastornos circulatorios, hiperuricemia, hipertensión arterial, problemas hepáticos en general, hipertrofia benigna de próstata, en caso de debilidad y agotamiento, como potenciador Qi (energía vital) o en la prevención del envejecimiento precoz.*

Dada su capacidad para tonificar el sistema inmunológico, el consumo de shiitake se recomienda también en *gripe, resfriados, bronquitis, herpes*... Al mismo tiempo, determinados principios activos obtenidos a partir de este hongo han mostrado su actividad sobre bacterias residentes en la cavidad oral, causantes de infecciones periodontales, caries o gingivitis.

Utilizado en dosis terapéuticas en extracto estandarizado, además de su recomendación en las situaciones anteriormente descritas, el shiitake posee también un interesante efecto hipocolesterolemiante, y es, junto con el reishi, el hongo con mayor actividad en la prevención de depósitos de colesterol en las paredes vasculares y, por tanto, en la formación de la placa de ateroma.

Los principales componentes del shiitake pueden resumirse en:

- Polisacáridos, especialmente *lentinano*, β-glucano con propiedades antitumorales
- Ácidos grasos insaturados
- Eritadenina, alcaloide responsable de su efecto hipocolesterolemiante

- Minerales: Magnesio, manganeso, calcio, potasio, hierro y zinc
- Vitaminas: Grupo B y B$_{12}$, E y ergosterol (provitamina D), muy importante para la asimilación del calcio
- Aminoácidos: Lisina, arginina, metionina y fenilalanina

No obstante, la presencia y concentración de los componentes fúngicos con actividad terapéutica del shiitake debe ser administrada, en situaciones de enfermedad, en forma de extracto estandarizado y en dosis terapéuticas, lo cual, como se ha comentado a lo largo de los capítulos, no es objetivo de este libro.

Actuando desde la prevención o como apoyo a tratamientos oncológicos, dada su riqueza nutritiva y capacidad inmunomoduladora, es interesante incluir este aromático hongo medicinal en nuestra dieta habitual de forma periódica, como *alimento funcional,* tanto en su forma seca como fresca, para beneficiarnos de sus múltiples propiedades. No debemos olvidar que una alimentación sana y equilibrada, debería ser nuestra primera y principal farmacia.

Nombre japonés: Maitake
Nombre chino: Hui zhu hua
Nombre usual en castellano e inglés: Maitake
Nombre científico: *Grifola frondosa*

> *«La salud es la unidad que da valor a todos los ceros de la vida».*

> (Bernard Le Bouvier de Fontenelle, 1657-1757)

Los países asiáticos tienen una larga tradición en el consumo de hongos. No tan sólo por su valor nutritivo o gastronómico, sino también porque desde tiempo inmemorial, en estas culturas, algunos hongos son considerados de interés medicinal.

Especies micológicas como el reishi, el shiitake o el maitake, entre otras, han sido recolectadas de forma silvestre y utilizadas durante siglos por la medicina tradicional china (MTCH), para tonificar el sistema inmunitario, tratar distintas enfermedades, aumentar la energía vital o prolongar la vida.

El maitake, cuyo nombre genérico hace referencia al grifo, animal mitológico mitad león mitad águila, es una especie comestible de hongo de la familia de las poliporáceas. Su origen primario se sitúa en el norte de Japón, donde se lo conoce como *maitake,* que significa «hongo que baila», porque su vaporoso y sutil aspecto recuerda a un baile de mariposas.

Cuenta la leyenda que su denominación deriva del hecho de que al encontrarlo la persona danzaba de alegría, tanto por su delicioso sabor y propiedades medicinales, como porque podía cambiar su peso en plata. Al parecer, quien lo descubría en la profundidad de los valles no revelaba a nadie su situación, guardando la información como un preciado tesoro.

El maitake es también uno de los hongos medicinales más apreciados en Japón desde hace milenios. El doctor Hiroaki Nanba es el científico japonés que más ha estudiado las posibles aplicaciones del maitake en cánceres humanos, y lo considera el rey de los hongos por su inestimable valor terapéutico. En 1984 identificó y aisló una fracción presente en el micelio y en el cuerpo fructífero de este hongo, a la que denominó fracción-D, compuesta por proteínas y polisacáridos con una marcada actividad antitumoral al estimular los macrófagos. En la década de 1990, junto con el doctor Keiko Kubo, Nanba continuó estudiando este hongo medicinal y logró purificar la fracción-D, que llamaron fracción-DM, más bioactiva que la anterior.

El hongo crece como parásito en la base de árboles vivos, tanto de coníferas como de caducifolios, principalmente especies del género *Quercus,* pero también de *Acer, Betula, Carpinus, Castanea, Fagus* y *Ulmus.* Se puede encontrar también en bosques templados de Asia y Europa y al este de Norteamérica.

Los beneficios del maitake, al igual que los del reishi o el shiitake, se deben a los polisacáridos específicos conocidos como β-glucanos. El maitake es una rica fuente de polisacáridos compuestos que se encuentran en algunas plantas y que gozan día a día de mayor reconocimiento por parte de la comunidad científica por su capacidad para tonificar las defensas inmunitarias del organismo.

Especialmente la fracción-DM del maitake, aislada por los doctores Nanba y Kubo, parece poseer una potente actividad antitumoral, a través de la estimulación de las células del sistema inmune, dotándolas de una rápida respuesta inmunológica. Los compuestos activos de este hongo medicinal no matan directamente las células cancerosas, sino que estimulan la actividad de las células inmunocompetentes, potenciando su acción contra las células cancerosas.

Así mismo, administrado en extracto estandarizado en dosis terapéuticas, como coadyuvante a tratamientos convencionales de quimio y radioterapia, este hongo medicinal ha demostrado una reducción significativa de los efectos colaterales del tratamiento y una mejora sustancial de la calidad de vida del paciente.

El potencial terapéutico del extracto de maitake a raíz de los estudios consultados, sugiere también su posible indicación clínica en *hipertrigliceridemia, diabetes tipo II, hipertensión arterial, síndrome metabólico, esteatosis hepática, obesidad, melanoma, recaídas tumorales, cánceres de mama, pulmón, estómago, hígado, vejiga y próstata con tendencia metastásica.*

Los principales componentes del maitake son:

- Lípidos: Ácido octadecanoico y ácido octadecadienoico
- Fosfolípidos: Fosfatidiletanolamina, fosfatidilcolina, fosfatidilinositol, fosfatidilserina y ácido fosfatídico
- Polisacáridos, especialmente grifolano y grifolina
- Vitaminas B_1, B_2, B_6, C, niacina, ácido fólico y ergosterol (provitamina D)
- Minerales: Potasio, fósforo, magnesio, zinc, sodio, hierro y calcio
- Aminoácidos: Glutamina, alanina, treonina, ácido aspártico, valina, lisina y arginina

- Ácidos orgánicos: Posee una alta concentración de ácido málico y concentraciones menores de ácido piroglutámico, ácido fórmico, acético, cítrico, succínico, oxálico y fumárico
- Otros componentes: Lectina y enzimas (amilasas, pectinasas, fenoloxidasas, lactasas, tirosinasas o peroxidasas), de las cuales resalta el carácter oxidante con fines germicidas y bactericidas

En los ejemplares frescos de los cuerpos fructíferos de maitake, el contenido de agua es del 80 por 100 y su peso seco en proteínas aproximadamente del 22-27 por 100.

Su exquisito sabor y agradable textura permiten utilizarlo en infinidad de recetas, como cualquier otro ingrediente saludable de nuestra despensa, tanto por su calidad nutricional como por su riqueza en moléculas anticáncer. Con esta finalidad, en el último apartado del libro se incluyen algunas sencillas propuestas para iniciarse en su utilización en la cocina diaria.

Nombre japonés: Reishi
Nombre chino: Ling-zhi
Nombre usual en castellano e inglés: Reishi
Nombre científico: *Ganoderma lucidum*

«La salud no lo es todo, pero sin ella todo lo demás es nada».

(SCHOPENHAUER, 1788-1860)

El reishi es un precioso hongo rojizo, brillante y de sabor amargo. En japonés *reishi* significa «seta fantasma», aludiendo a su extrema escasez, puesto que, al parecer, sólo se encontraba un ejemplar de este hongo entre los miles de setas que crecían en los bosques de Oriente.

En China se le bautizó con un nombre más acorde con sus propiedades terapéuticas, *Ling zhi*, que significa «planta de la inmortalidad» o «seta de los diez mil años», atribuyéndole numerosas virtudes para luchar contra el envejecimiento precoz, motivo por el cual, según relata la historia, su utilización era privilegio exclusivo del emperador y de las clases sociales altas.

Conocido en Oriente como hongo de la eterna juventud o de la inmortalidad, su uso a nivel terapéutico fue documentado en la medicina tradicional china (MTCH) siglos antes de Cristo. En el antiguo texto chino *Shen Nong Ben Cao Jing*, de más de 2000 años de antigüedad, considerado hoy en día como el libro más antiguo de la medicina herbal oriental, se indica que esta especie micológica es útil para mejorar la energía vital, aumentar la capacidad de concentración, preservar la memoria y oxigenar la sangre, posiblemente gracias su contenido en germanio, un oligoelemento que favorece la fluidificación de la sangre, mejora la oxigenación de los tejidos, tiene efectos antiálgicos y estimula la producción de interferón.

El reishi es un hongo adaptógeno, capaz de estimular el organismo en general, favoreciendo su adaptación a condiciones ambientales estresantes y actuando como soporte antisenescente. No en vano se le considera el *antiaging* natural.

Tradicionalmente se ha empleado como inductor del sueño, así como en el tratamiento de neurosis causadas por estrés ambiental, motivo por el cual, a pesar de no ser comestible por su sabor amargo y consistencia leñosa, es en la actualidad uno de los hongos más utilizados con fines medicinales.

El polvo seco y el extracto de reishi fueron populares en la antigua China por su potente efecto inmunomodulador, y se emplearon como agentes quimioterápicos en el tratamiento del cáncer y en la prevención y cura de gran número de enfermedades.

Así mismo, los componentes bioactivos de este hongo medicinal se han estudiado en otras patologías: *diabetes tipo II, eccema o dermatitis atópica, alergia, bronquitis crónica, asma bronquial, infecciones ORL asociadas a bacterias y virus, hepatitis A, B y C, artritis y enfermedades inflamatorias en general, trastornos hepáticos, mononucleosis infecciosa, hipercolesterolemia, hipertensión arterial, problemas cardiovasculares o hipertrofia benigna de próstata.*

Su elevado contenido en triterpenos confiere al reishi una acción antiinflamatoria comparable a la hidrocortisona, sin sus efectos secundarios. Esta acción explica su positivo efecto sobre los casos de artritis y patologías inflamatorias crónicas en general.

Algunos de los artículos consultados mencionan el importante papel del reishi en la prevención y tratamiento del cáncer de vejiga, de la hiperplasia benigna de próstata, así como de otras patologías andrógenodependientes como hirsutismo, alopecia androgénica o cáncer de próstata, uno de los tumores más frecuentes en varones, sugiriendo su capacidad para detener el ciclo celular e inducir a la apoptosis o muerte celular programada.

Así mismo, determinadas investigaciones señalan que este hongo medicinal puede actuar como coadyuvante a tratamientos convencionales de cáncer de mama con quimioterapia, al inhibir selectivamente el crecimiento celular, inducir a la apoptosis y prevenir la metástasis.

La toma de reishi en pacientes inmunodeprimidos y neoplásicos, según se desprende de la literatura consultada, comporta una mejor gestión de los efectos secundarios de la quimioterapia y la radioterapia, favoreciendo la inmunorregulación.

El reishi tiene una composición química compleja. Sin embargo, desde un punto de vista fitoquímico, los principios activos responsables de su potencial terapéutico pueden agruparse en:

– Triterpenos: Con actividad hepatoprotectora, antihipertensiva, antihistamínica, hipocolesterolémica e inhibidora de la agregación plaquetaria

- Polisacáridos, peptidoglicanos y heteropolisacáridos
- Minerales: Hierro, zinc, cobre, manganeso, magnesio, potasio, germanio y calcio
- Vitaminas del grupo B, especialmente B_9
- 17 aminoácidos, entre los que se incluyen todos los esenciales
- Esteroles y sustancias tipo cortisona
- Adenosina y guanosina, con efecto antiagregante plaquetario, miorrelajante músculo-esquelético y sedativo del sistema nervioso central (SNC)

Al no ser un hongo comestible por sus cualidades organolépticas, su utilización a nivel culinario se ve restringida a tan sólo algunas recetas, como veremos en el apartado dedicado a ello. Sin embargo, a modo preventivo, podemos beneficiarnos de sus magníficas propiedades, incluyéndolo en infusiones, caldos, utilizando miel de reishi en vinagretas o postres, o espolvoreando una pequeña cantidad de polvo de reishi en algún plato.

Hongos medicinales en la cocina

Shiitake

Consumido desde hace miles de años en Asia, en la cocina china y japonesa, la importancia de este hongo medicinal es vital, y se emplea en multitud de recetas. En la actualidad el cultivo del shiitake se extiende a diferentes países de todo el planeta, produciéndose tanto shiitake convencional como ecológico de gran calidad, que debería ser el de primera elección.

El carnoso, aromático y exóticamente perfumado shiitake, con un punto ligeramente picante y un singular aroma y sabor, combina perfectamente con cualquier receta. Dada su popularidad, resulta fácil encontrarlo en mercados y tiendas especializadas, pudiendo adquirirse tanto fresco como deshidratado, ya sea entero o laminado.

Si optamos por el shiitake deshidratado, antes de cocinarlo deberemos dejarlo en remojo unas 2 horas si es laminado, o como mínimo 3-4 horas si lo utilizamos entero, en función de su tamaño. En ambas presentaciones, sin embargo, podemos prolongar el tiempo de rehidratación varias horas. En este caso lo mantendremos en el frigorífico. Es interesante aprovechar el agua de remojo para otras preparaciones como cocción de legumbres, caldos, sopas, etcétera, para no desperdiciar sus principios activos.

Tanto su presentación seca como fresca, permite su incorporación a sopas, cremas, caldos, hamburguesas, albóndigas o croquetas vegetales. Es ideal para acompañar verduras, cereales integrales, pasta, proteína vegetal, *pizzas,* empanadas, legumbres, etcétera.

El shiitake seco, resultará más adecuado para cocciones largas, mientras que el fresco será de primera elección en cocciones más ligeras, plancha o salteados de verduras. En su forma fresca, no os privéis del placer de degustar el singular shiitake salteado con ajo y perejil o jengibre y cilantro picados.

Podemos consumir también este hongo medicinal deshidratado como especia en polvo, que prepararemos moliéndolo en un robot de cocina y utilizándolo para aromatizar y enriquecer guisos, salsas, cremas de verduras, vinagretas, *risottos...*

TIRABEQUES CON SALTEADO DE SHIITAKE

Ingredientes

250 g de tirabeques

1 c. s. de alga arame previamente hidratada 15-20 minutos en agua fría y escurrida

Ajo y perejil picados

200 g de shiitake fresco limpio y cortado en cuartos

1 c. s. de aceite de oliva virgen extra

1 c. s. de salsa de soja

Preparación

Escalda los tirabeques 1 minuto en agua hirviendo. Escurre y reserva. (Si son de cultivo ecológico, reserva el agua de cocción para hervir una legumbre, cereal, preparar una sopa, etcétera).

Pon el aceite de oliva virgen en un wok o sartén y rehoga el alga arame, el ajo y el perejil.

Añade el shiitake y saltea a fuego fuerte durante aproximadamente unos 2-3 minutos.

Incorpora los tirabeques y sigue salteando 1 o 2 minutos más.

Aliña con la salsa de soja y sirve caliente como plato único para la cena o acompañando a seitán, tofu, tempeh, pasta, cereales...

POTAJE DE GARBANZOS CON VERDURAS
DE LA HUERTA Y SHIITAKE

Ingredientes
400 g de garbanzos cocidos
1 c. p. de semillas de comino
1 puerro finamente laminado, incluida la parte verde tierna
1 brócoli cortado en flores pequeñas
1 pimiento rojo cortado en dados
10 g de shiitake seco laminado o 4 o 5 shiitakes secos enteros
   (una vez hidratados y escurridos, si son de cultivo
   ecológico, reserva el agua. Si los utilizas enteros, puedes
   laminarlos una vez hidratados)
1 c. s. de aceite de oliva virgen extra
Sal marina
1 c. p. de cúrcuma en polvo
Pimienta negra molida

Preparación
Pon el aceite de oliva en una cazuela y dora ligeramente las semillas de comino.

Añade el puerro y rehoga unos minutos con la cazuela tapada y removiendo a menudo para que no se queme, hasta que esté trasparente.

Incorpora el brócoli, el pimiento rojo, el shiitake previamente hidratado y escurrido, la cúrcuma y el agua reservada del remojo de las setas.

Salpimienta y cuece a fuego fuerte, con la cazuela tapada, hasta que las verduras estén al dente (4-5 minutos).

Añade los garbanzos cocidos y, si es necesario o deseas que te quede más caldoso, un poco más de agua o caldo de verduras y deja cocer todo junto, a fuego medio, durante 4 o 5 minutos más.

Sirve como plato principal acompañado de una refrescante ensalada.

ENSALADA TIBIA DE RÚCULA, ANARCADOS Y SHIITAKE

Ingredientes
100 g de rúcula lavada y seca
50 g de brotes de soja germinada
1 c. s. de aceite de oliva virgen extra
150 g de shiitake fresco cortado en cuartos
10 o 12 anacardos
Unas hojitas de cilantro o perejil finamente picadas

Aliño
4 c. s. de aceite de oliva virgen extra
2 c. p. de salsa de soja o vinagre de manzana o de Módena
1 c. p. de semillas de sésamo ligeramente tostadas en una
   sartén sin aceite (podemos comprarlas ya tostadas)
1 c. p. de piñones
1 c. c. de sirope de ágave o miel de acacia, mil flores, etcétera
1 c. c. de mostaza de grano grueso
Sal marina o sal de hierbas (si utilizamos salsa de soja no será
   necesario)

Preparación
Pon la rúcula en una fuente.

Dora ligeramente los anacardos en una sartén untada de aceite de oliva virgen y reserva.

En la misma sartén, añade un hilo de aceite de oliva virgen y saltea a fuego fuerte las setas shiitake durante 3 o 4 minutos.

Incorpora los brotes de soja y saltea 1 minuto más también a fuego fuerte, removiendo a menudo. Los brotes de soja deben quedar crujientes.

Añade los anacardos, la mezcla de shiitake y brotes de soja a la ensaladera donde reservaste la rúcula.

Mezcla los ingredientes para el aliño. Adereza la ensalada y espolvorea con el cilantro o el perejil picado.

GUISO DE SEITÁN CON SHIITAKE
Y AJOS TIERNOS

Ingredientes
1 bloque de seitán cortado en filetes finos
Sal marina y pimienta negra molida
1 c. s. de aceite de oliva virgen extra
1 manojo de ajos tiernos lavados y finamente laminados
    (incluida la parte verde tierna)
20 g de shiitake seco laminado, previamente hidratado (si es
    ecológico, reserva una parte del agua de remojo para
    incorporar al guiso)
1 hoja de laurel
1 clavo de especia
200 g de arroz basmati integral

Preparación
Salpimienta y asa el seitán a la plancha.

En una cazuela tapada y a fuego medio, dora los ajos tiernos en el aceite de oliva, removiendo a menudo.

Añade el shiitake escurrido, la hoja de laurel y el clavo de especia. Salpimienta y rehoga nuevamente hasta que el shiitake esté cocido.

Coloca los filetes de seitán sobre la mezcla de ajos tiernos y shiitake, junto con 2 o 3 c. s. del agua de remojo de las setas y deja cocer todo junto, a fuego bajo, durante 4 o 5 minutos (la cantidad de agua puede ser mayor si deseas que el plato quede más caldoso).

Sirve caliente acompañado de arroz basmati integral.

Preparación del arroz basmati integral

Lava el arroz en un colador de malla fina bajo el grifo para eliminar cualquier impureza y ponlo en una cazuela (1 parte de arroz x 2 de agua).

Tapa y cuece primero a fuego fuerte, y cuando empiece a hervir a fuego bajo, hasta que el arroz se haya bebido toda el agua, durante aproximadamente 25-30 minutos.

Trascurrido el tiempo, deja reposar tapado unos 5-10 minutos más antes de servir. Si te gusta más cocido, puedes añadir un poco más de agua de la indicada y hervir durante 5 minutos más.

ENSALADA DE COL CHINA Y SHIITAKE FRESCO AROMATIZADA CON JENGIBRE

Ingredientes
½ col china cortada en juliana
1 chile rojo y una cebolla morada
1 cm de jengibre fresco lavado y pelado
5 o 6 rábanos, incluidas las hojas verdes tiernas
200 g de shiitake fresco cortado en cuartos
Aceite de oliva virgen extra para saltear el shiitake

Aliño
Sal marina o sal de hierbas y pimienta negra molida
1 lima (el zumo)
2 c. s. de aceite de oliva virgen extra
1 c. p. de miel de reishi, azahar o acacia

Para espolvorear
1 c. s. de perejil fresco, lavado, seco y finamente picado
1 c. s. de piñones dorados ligeramente en una sartén sin aceite

Preparación
Pon la col china en una ensaladera.

En el robot de cocina pica el chile, la cebolla, el jengibre, los rábanos y sus hojas y mezcla con la col china.

Saltea las setas shiitake en una sartén untada de aceite de oliva y añádelas al resto de verduras.

Mezcla los ingredientes para el aliño. Aliña la ensalada y espolvorea con el perejil y los piñones.

WOK DE VERDURAS Y SHIITAKE FRESCO

Ingredientes

2 c. s. de aceite de oliva virgen extra

1 c. p. de semillas de mostaza

200 g de tirabeques o judías verdes cortadas en juliana

200 g de calabacín con piel, partido por la mitad y cortado en medias lunas

1 zanahoria cortada en cintas con el pelador

1 puerro finamente laminado, incluida la parte verde tierna

1 pimiento rojo cortado en dados

250 g de shiitake fresco cortado en cuartos

100 g de brotes de soja germinada

Pimienta negra molida

Salsa de soja al gusto

Preparación

Calienta el aceite en el wok. Incorpora las semillas de mostaza y cuando empiecen a desprender un agradable aroma, añade todas las verduras y las setas shiitake, excepto los brotes de soja.

Espolvorea con pimienta negra molida y saltea a fuego fuerte, removiendo a menudo, durante unos 3 minutos.

Añade 2 o 3 c. s. de agua y sigue salteando 2 o 3 minutos más a fuego fuerte y removiendo a menudo.

En el último momento incorpora los brotes de soja. Saltea tan sólo unos instantes a fuego fuerte para que los brotes queden crujientes.

Retira del fuego y aliña con salsa de soja y un hilo de aceite de oliva virgen extra.

Sirve el wok de verduras solo o acompañado de un cereal como cuscús de trigo o espelta, arroz integral, quinoa, kamut, etcétera, o de proteína vegetal como seitán, tofu, tempeh o una legumbre.

RISOTTO DE SHIITAKE

Ingredientes
200 g de arroz carnaroli o arborio (también podemos utilizar
un arroz normal de grano redondo)
2 c. s. de aceite de oliva virgen extra
1 cebolla grande finamente picada
2 dientes de ajo picados
1 vaso de vino blanco seco
50 g de shiitake laminado seco e hidratado previamente
Sal marina y pimienta negra molida
Agua o caldo de verduras hirviendo (aproximadamente 1 ½ l)
30-50 g de gorgonzola

Preparación
Calienta el aceite y rehoga la cebolla y los ajos, hasta que la
cebolla esté ligeramente dorada.

Añade las setas y rehoga 2-3 minutos más.

Incorpora el arroz y rehoga unos instantes, removiendo a
menudo, hasta que esté nacarado (ligeramente trasparente).

Riega con el vino blanco y deja evaporar, removiendo para
evitar que el arroz se pegue al fondo de la cazuela.

Salpimienta y añade un poco de agua. Remueve a menudo
y ve añadiendo más agua o caldo en pequeña cantidad, a me-
dida que el arroz vaya absorbiéndola.

Trascurridos aproximadamente 15-17 minutos, añade el
queso gorgonzola. Mezcla para que se derrita. Tapa la cazuela
y deja reposar 3 o 4 minutos.

Sirve el *risotto* caliente, acompañado de una refrescante y
crujiente ensalada variada.

PIZZA CON TOMATE, *MOZZARELLA* Y SHIITAKE FRESCO

Ingredientes para la masa
100 ml de agua
25 ml de aceite de oliva virgen extra
1 c. c. de sal
200 g de harina integral de trigo, espelta o kamut (podemos necesitar un poco más)
10 g de levadura fresca (también podemos utilizar levadura seca)

Ingredientes para la cobertura
2 tomates maduros rallados y escurridos para que quede sólo la pulpa
200 g de queso *mozzarella* de búfala
150 g de shiitake fresco finamente laminado
Sal marina
Hierbas provenzales, albahaca, orégano, etcétera
Pimienta negra molida

Preparación
Saltea las setas shiitake en un hilo de aceite de oliva, salpimienta y reserva.

Calienta ligeramente el agua, el aceite y la sal (si la levadura es seca no será necesario).

Añade la harina y la levadura y amasa durante unos minutos, hasta obtener una masa elástica que no se pegue a las manos. (Puedes hacerlo con las manos o con una amasadora. Puede que necesites añadir un poco más de harina si la masa resulta demasiado pegajosa o un poco más de agua si está algo seca).

Forma una bola, colócala en un bol, tápala con un paño de cocina y déjala reposar hasta que doble su volumen (aproximadamente ½-1 h).

Seguidamente, forra con papel de horno una bandeja y estira la masa, hasta que quede bien fina. (Si te gusta la *pizza* más gruesa, elige una bandeja más pequeña).

Pincélala con el tomate, incorpora las setas shiitake, cubre con la *mozzarella* troceada y aromatiza con las hierbas aromáticas y la pimienta negra.

Precalienta el horno a 225° y hornea la *pizza* entre 15-20 minutos.

Sirve tu *pizza* acompañada de una ensalada variada.

BRÓCOLI CON SHIITAKE Y ALGA ARAME

Ingredientes

1 brócoli cortado en flores
2 c. s. de aceite de oliva virgen extra
10 g de shiitake seco laminado previamente hidratado
2 dientes de ajo picados
1 c. s. de alga arame hidratada en agua fría durante 15-
    20 minutos
½ o 1 c. s. de salsa de soja

Preparación

Cuece el brócoli al vapor, dejándolo al dente (8-10 minutos dependiendo del tamaño de las flores).

En una cazuela calienta el aceite y saltea el shiitake, los ajos y el alga durante unos 5 minutos, a fuego bajo y removiendo a menudo.

Añade la salsa de soja e inmediatamente incorpora el bró-coli. Mezcla y sirve como acompañamiento de cualquier plato o como plato único en la cena.

FLORES DE CALABACÍN RELLENAS DE SHIITAKE Y CEBOLLETA TIERNA

Ingredientes
8 flores de calabacín
1 cebolleta tierna finamente picada, incluida la parte verde tierna
10 g de shiitake seco previamente hidratado o 200 g de shiitake fresco
Sal marina
Pimienta negra molida
Harina de trigo o espelta para rebozar las flores de calabacín
1 o 2 huevos ecológicos para el rebozado

Preparación
Rehoga la cebolleta. Cuando esté trasparente añade las setas shiitake y rehoga hasta que estén tiernas. Salpimienta.

Rellena las flores de calabacín con la mezcla.

Rebózalas primero en la harina y después en el huevo.

Fríe en abundante aceite de oliva virgen extra, en una sartén pequeña, y deja escurrir sobre papel de cocina para eliminar el exceso de aceite.

Sirve con una refrescante y crujiente ensalada variada.

PATÉ DE SHIITAKE Y NUECES

Ingredientes

150 g de nueces peladas
200 g de cebolla finamente picada
2 dientes de ajo laminados
50 ml de aceite de oliva virgen extra
200-250 g de shiitake fresco lavado
    y cortado en dados
Unas hojas de perejil fresco
½ c. c. de semillas de mostaza
½ c. c. de semillas de comino
Pimienta negra molida
Sal marina o sal de hierbas
Unas gotas de salsa de soja

Preparación

Pon el aceite en una cazuela y añade las semillas de mostaza. Cuando despierten y empiecen a desprender aroma, incorpora las semillas de comino y dora.

Añade la cebolla y los ajos, junto con una pizca de sal marina, y rehoga con la cazuela tapada hasta que la cebolla esté trasparente.

Incorpora las setas shiitake y el perejil y sigue rehogando hasta que las setas estén tiernas, aproximadamente unos 5 minutos.

Mezcla con las nueces. Salpimienta, añade la soja y tritura todo el conjunto.

Si es necesario, rectifica de sal y pimienta.

Sirve el paté, una vez frío, con tostadas de pan integral recién hechas y acompañado de una ensalada o tiras de verduras, como apio o zanahoria.

BROCHETAS DE SEITÁN Y SHIITAKE CON SALSA DE ZANAHORIA AL CURRY

Ingredientes
1 bloque de seitán cortado en dados de 2 cm
2 puerros (la parte blanca) cortados en trozos de 1 cm
1 pimiento rojo cortado en trozos de unos 2 cm de lado
250 g de shiitake fresco cortado en cuartos
Sal marina
3 c. s. de aceite de oliva virgen extra
Hierbas aromáticas (tomillo, orégano, romero, etcétera)

Para la salsa
½ kg de zanahorias, lavadas y laminadas
2 cebollas grandes cortadas en medias lunas finas
1 c. s. de aceite de oliva virgen extra
1 c. p. de curry
100 ml de crema de soja o avena para cocinar
Sal marina
Pimienta negra molida

Preparación de las brochetas
Monta las brochetas alternando las verduras, las setas y el seitán.

Prepara una mezcla con la sal marina, el aceite y las hierbas aromáticas y unta las brochetas. Ásalas al horno o en una sartén a fuego suave.

Preparación de la salsa

Calienta el aceite en una cazuela y cocina las zanahorias y las cebollas, a fuego medio y con la cazuela tapada, durante aproximadamente 15 minutos o hasta que las zanahorias estén tiernas. En los dos últimos minutos añade el curry. Es importante ir removiendo a menudo para evitar que las verduras se quemen.

Finalizada la cocción, salpimienta, añade la crema de soja o avena para cocinar y tritura hasta obtener una mezcla homogénea. Sirve junto con las brochetas.

Nota: Si sobra salsa, puedes preparar una deliciosa y reconfortante crema de zanahorias para cenar, añadiéndole simplemente agua o caldo de verduras.

QUINOA CON SHIITAKE Y ALMENDRAS

Ingredientes

200 g de quinoa cocida
1 c. s. de aceite de oliva virgen extra
1 c. p. de semillas de mostaza
200 g de shiitake fresco lavado y cortado en cuartos
3 puerros finamente laminados, incluida la parte verde tierna
Sal marina
1 c. p. de curry en polvo
10 o 12 almendras tostadas, peladas y picadas

Preparación

Lava la quinoa en un colador de malla fina. Ponla en una cazuela con el doble de agua fría y una pizca de sal marina. Tapa y hierve por espacio de unos 15 minutos, hasta que el grano se abra. Los primeros 2-3 minutos a fuego fuerte y el resto a fuego suave y con la cazuela tapada.

Calienta el aceite en una cazuela y dora ligeramente las semillas de mostaza.

Añade los puerros y una pizca de sal marina y rehoga hasta que estén trasparentes, siempre con la cazuela tapada.

Incorpora las setas shiitake y rehoga durante unos 5 minutos más.

Mezcla con la quinoa y las almendras.

Adereza con aceite de oliva virgen y sirve caliente, acompañado de un bol de crema de verduras, una sopa de miso o una ensalada variada.

ENSALADA DE ESPINACAS Y SHIITAKE
CON SALSA TEMPLADA

Ingredientes
200 g de hojas de espinacas frescas, sin tallos, lavadas, secas y
cortadas en juliana
200 g de shiitake fresco cortado en cuartos
Aceite de oliva virgen extra

Para la salsa
50 ml de aceite de oliva virgen
20 ml de salsa de soja
1 c. p. de sésamo tostado
1 pellizco de algas arame hidratadas durante 20-30 minutos y
escurridas
1 c. s. de concentrado de manzana, sirope de ágave o miel
30 g de nueces peladas y troceadas
Virutas de parmesano (con el pelador)

Preparación de la ensalada
Saltea las setas shiitake en un hilo de aceite de oliva virgen, a
fuego fuerte durante 3 o 4 minutos.

Preparación de la salsa
En un cazo, calienta ligeramente el aceite, la salsa de soja, el
sésamo y las algas a fuego mínimo durante 1-2 minutos (no
debe hervir).

Retira el cazo del fuego y añade el concentrado de manzana, el sirope o la miel y las nueces y mezcla.

Presentación: dos opciones

1) Coloca las espinacas y los shiitake en una ensaladera honda o en una fuente plana. Riega con la salsa, mezcla y espolvorea con las virutas de parmesano. Sirve inmediatamente.

2) Coloca las espinacas y los shiitake en un aro y monta el plato. Una vez quites el aro, riega con la salsa y espolvorea con unas virutas de parmesano.

Nota: Puedes utilizar esta salsa para ensaladas de espárragos, endibias, lechuga, etcétera, y también para verduras al vapor.

ESPIRALES CON SHIITAKE Y CALABAZA

Ingredientes

500 g de espirales integrales de trigo, espelta, quinoa, kamut, etcétera
1 c. s. de perejil o cilantro picados (sólo las hojas)
3 dientes de ajo picados
1 cebolla mediana finamente picada
200 g de calabaza pelada y cortada en dados pequeños
500 g de shiitake fresco, limpio y cortado en tiras finas
1 c. s. de piñones
Pimienta negra molida
Sal marina
Orégano
Aceite de oliva virgen extra

Preparación

Calienta 1 c. s. de aceite de oliva virgen en una cazuela.

Rehoga el perejil o el cilantro, los ajos y la cebolla, a fuego bajo y con la cazuela tapada, hasta que la cebolla esté trasparente.

Añade la calabaza y continúa la cocción durante aproximadamente unos 10 minutos o hasta que la calabaza esté tierna, con la cazuela tapada y removiendo a menudo para que las verduras no se quemen. Reserva.

En una sartén con un hilo de aceite saltea el shiitake durante 3 o 4 minutos y mezcla con la cebolla y la calabaza.

Mientras, cocina las espirales en agua hirviendo con sal (véase tiempo de cocción aconsejado en el paquete).

Escurre la pasta e incorpórala rápidamente a la cazuela donde tienes reservadas las verduras y las setas.

Añade los piñones, salpimienta, mezcla y adereza con un poco de perejil finamente picado, orégano y aceite de oliva virgen.

Sirve inmediatamente, acompañando el plato con una refrescante ensalada variada.

Maitake

El hongo maitake se caracteriza por formar setas en forma de abanico de color marrón grisáceo. Exquisito para el paladar, con un toque amaderado y un característico y delicado sabor, habitualmente se comercializa deshidratado, aunque podemos encontrarlo fresco en determinadas tiendas o mercados especializados.

La deshidratación es una forma tradicional de conservación a largo plazo, mediante la cual se elimina el agua fisiológica del alimento, evitando que se estropee y permitiendo la preservación de sus componentes intactos hasta el momento de su consumo. Durante este proceso, de 8 kg de seta fresca se obtiene aproximadamente 1 kg de seta seca.

El maitake fresco, delicioso y aromático, se estropea con rapidez, por lo que idealmente deberá consumirse en un plazo máximo de 2 días después de su compra. La forma deshidratada, en cambio, permite una conservación a largo plazo, siempre que le proporcionemos un ambiente fresco, libre de humedad y al abrigo de la luz solar.

Podemos utilizar este pequeño tesoro para la salud tanto en su forma fresca como seca, hidratándolo previamente durante 3-4 h, para añadir a rellenos de canelones, berenjenas o calabacines; incorporarlo a platos de legumbres, verduras, cereales integrales, pasta, tempuras, cremas de verduras, tartas saladas, estofados, salteados... En su forma deshidratada, podemos molerlo y utilizarlo para condimentar salsas, sopas, guisos... Si compramos el hongo fresco, podemos saltearlo con especias, ajo y perejil, cilantro, jengibre, rebozarlo... o bien añadirlo a cualquiera de las recetas en las que lo utilizaríamos en su versión deshidratada.

Como cualquier seta u hongo desecado, el maitake puede hidratarse en distintos líquidos en función de la receta: agua, bebida vegetal de arroz, avena, soja, kamut, espelta, quinoa, leche de vaca o de cabra, en caso de las personas que toman lácteos, etcétera. El líquido en el que lo hayamos hidratado conservará el aroma y el sabor del hongo, pudiendo reutilizarlo ya sea incorporándolo a la receta que estemos elaborando, para aportarle más aroma, palatabilidad y valor nutricional o reservándolo en el refrigerador para un uso posterior.

Si picamos finamente el maitake deshidratado, podremos incluirlo directamente al agua de cocción de la receta, lo cual resultará especialmente adecuado en preparaciones de cocción más larga, como la requerida para legumbres, guisos, caldos...

Fresco o seco hidratado y posteriormente salteado con especias como la cúrcuma, comino, ajo, perejil..., aportará un toque delicioso a ensaladas templadas, platos de pasta, woks de verdura...

CALDO RÁPIDO Y REVITALIZANTE CON MAITAKE

Ingredientes
3 o 4 maitakes secos cortados en trozos pequeños
250 ml de agua o caldo de verduras
Salsa de soja
Aceite de oliva virgen extra

Preparación
Pon el maitake troceado en un cazo con el agua o el caldo de verduras hasta que el líquido alcance el punto de ebullición.

Hierve con el cazo tapado y a fuego bajo durante aproximadamente 5 minutos.

Apaga el fuego y deja que infusione tapado durante unos 15 minutos.

Cuela, aderaza con unas gotas de salsa de soja y un hilo de aceite de oliva virgen y tómalo caliente.

El maitake hidratado y escurrido lo reservas para incorporarlo a cualquier receta.

RISOTTO AROMATIZADO CON POLVO DE MAITAKE

Ingredientes

2 c. s. de aceite de oliva virgen extra

1 cebolleta tierna, incluida la parte verde tierna finamente picada

1 puerro, incluida la parte verde tierna, cortado finamente

2 dientes de ajo picados

½ pimiento verde cortado en dados

½ pimiento rojo cortado en dados

8-10 rodajas de berenjena deshidratada (opcional)

200 g de arroz carnaroli o arborio (también puedes utilizar un arroz normal de grano redondo)

1 vaso de vino blanco seco

100 ml de crema de soja o avena para cocinar

10 g de maitake en polvo (sin hidratarlo lo trituraremos en un robot de cocina)

Sal y pimienta negra molida al gusto

Agua o caldo de verduras hirviendo (aproximadamente 1 ½ l)

Preparación

En una cazuela calienta las 2 c. s. de aceite de oliva virgen extra y rehoga la cebolleta, el puerro y los ajos hasta que estén trasparentes y ligeramente dorados.

Incorpora el pimiento verde y rojo y la berenjena deshidratada y sigue rehogando hasta que las verduras estén blandas.

Añade el arroz y remueve hasta que esté nacarado (ligeramente trasparente).

Riega con el vino blanco y deja evaporar, removiendo para evitar que el arroz se pegue al fondo de la cazuela.

Seguidamente ve añadiendo el agua en función de la demanda.

Mientras, disuelve el polvo de maitake, junto con la sal y la pimienta negra molida, en la crema de soja o de avena para cocinar y añade la mezcla al *risotto*. Cuece durante unos 2 minutos. Apaga el fuego y deja reposar.

Sirve caliente acompañado de una ensalada de rabanitos y escarola.

MAITAKE REBOZADO

Ingredientes

30 g de maitake seco previamente hidratado (puedes
    prepararlo también con unos 250-300 g de maitake
    fresco)
2 huevos ecológicos
Sal marina
1 c. c. de cúrcuma en polvo
2 dientes de ajo picados
1 c. s. de perejil finamente picado
Pimienta negra molida
Aceite de oliva virgen extra
Harina de espelta o de trigo integral o pan integral rallado
    (puedes utilizar algún resto de pan del día anterior)

Preparación

Bate los huevos y añade una pizca de sal marina, la cúrcuma, los
ajos, el perejil y la pimienta negra y mezcla para unir todos
los ingredientes.

Pasa las setas primero por el huevo batido y después por la
harina o el pan rallado y fríelas en abundante aceite de oliva
caliente (utiliza una sartén de pequeño diámetro, de este modo necesitarás menos aceite). Deja escurrir sobre papel de cocina para eliminar el exceso de aceite.

Sirve el maitake rebozado acompañado de un buen plato
de verduras al vapor.

ARROZ BASMATI INTEGRAL CON VERDURAS
Y SALSA DE MAITAKE

Ingredientes
200 g de arroz integral basmati
1 c. s. de aceite de oliva virgen extra
1 puerro, incluida la parte verde tierna, finamente laminado
2 dientes de ajo picados
Sal marina
100 g de guisantes frescos (si no es temporada congelados)
1 zanahoria cortada en dados pequeños
Sésamo tostado para espolvorear

Salsa
1 cebolla mediana finamente picada
Sal marina
Aceite de oliva virgen extra
10 o 12 maitakes secos previamente hidratados
1 c. c. de cúrcuma en polvo
200 ml de crema de avena o de soja para cocinar
Pimienta negra molida
1 pizca de nuez moscada

Preparación del arroz y las verduras
Arroz basmati integral: Lava el arroz en un colador de malla fina bajo el grifo y ponlo en una cazuela (1 parte de arroz x 2 de agua). Tapa y cuece, primero a fuego fuerte y cuando empiece a hervir a fuego bajo, hasta que el arroz se haya bebido toda el agua, durante aproximadamente 25-30 minutos. Tras-

currido el tiempo, déjalo reposar tapado unos 5-10 minutos más antes de servir.

Calienta el aceite en una cazuela con tapa. Rehoga el puerro y los ajos, con una pizca de sal marina, removiendo a menudo y con la cazuela tapada para que el puerro se cocine básicamente en su propio jugo.

Cuando el puerro esté trasparente, añade los guisantes y la zanahoria, junto con 2 c. s. de agua. Cocina con la cazuela tapada a fuego medio durante 3-4 minutos, removiendo a menudo para evitar que las verduras se quemen.

Mezcla el arroz con las verduras y sirve acompañado de la salsa de cebolla y el sésamo espolvoreado por encima.

Preparación de la salsa

En una cazuela con tapa, rehoga la cebolla en un hilo de aceite de oliva virgen y una pizca de sal marina, hasta que esté trasparente.

Añade las setas maitake escurridas y rehoga durante 4 o 5 minutos más.

Incorpora la cúrcuma, la crema de avena o de soja para cocinar, la pimienta negra y la nuez moscada y cuece todo junto por espacio de 2 o 3 minutos. Tritura y sirve.

VERDURAS ESCALDADAS SALTEADAS
CON MAITAKE

Ingredientes
1 puerro laminado, incluida la parte verde tierna
1 zanahoria cortada en cintas con el pelador
1 manojo de espárragos trigueros cortados en trozos de unos
   2 cm
200 g de maitake fresco o 10 g de maitake seco previamente
   hidratado
Aceite de oliva virgen extra

Aderezo
1 c. s. de aceite de oliva virgen extra
½ c. c. de salsa de soja
Semillas de sésamo tostadas para espolvorear

Preparación
Saltea a fuego fuerte los espárragos y las setas maitake en un
hilo de aceite de oliva virgen extra y reserva.

Lleva a ebullición ½ l de agua y escalda el puerro y la zanahoria unos 30 segundos. Cuela y reserva el caldo, si las verduras son de cultivo ecológico, para usar en otra preparación.

En una bandeja, coloca en primer lugar las verduras escal-
dadas y por encima los espárragos y las setas salteadas.

Adereza con la mezcla de aceite y salsa de soja, espolvorea
con semillas de sésamo tostadas y sirve sin dejar enfriar, acompañando las verduras de un cereal: mijo, cuscús, quinoa, arroz
integral, etcétera.

BERENJENAS RELLENAS DE MIJO Y MAITAKE

Ingredientes

2 berenjenas (también puedes preparar la receta con calabacines)

½ taza de mijo

1 c. s. de aceite de oliva virgen extra

1 cebolla tierna finamente picada, incluida la parte verde tierna

2 dientes de ajo finamente picados

10 o 12 maitakes secos previamente hidratados y picados

2 c. s. de semillas de girasol tostadas ligeramente en una sartén sin aceite

Sal marina

Pimienta negra molida

Algunas hojas de perejil picado

Queso parmesano rallado o almendra cruda picada

Ingredientes para la salsa

1 pimiento rojo escalibado y pelado

1 c. c. de pimentón dulce

1 diente de ajo

Sal marina o sal de hierbas

1 c. p. de aceite de oliva virgen extra

Algunas hojas de perejil

Preparación de las berenjenas

Corta las berenjenas por la mitad, practica unos cortes superficiales en la pulpa para facilitar la cocción y hornéalas a 180°

durante unos 30 minutos (el tiempo de cocción variará en función del tamaño de las berenjenas). Deja enfriar, extrae la pulpa y reserva.

Lava el mijo en un colador de malla fina, ponlo en una cazuela (el doble de agua que de mijo) y hiérvelo, con la cazuela tapada, unos 20 minutos.

Calienta el aceite en una cazuela y rehoga la cebolla y los ajos.

Cuando la cebolla esté trasparente, añade las setas maitake y rehoga 3 o 4 minutos más a fuego medio.

Añade la pulpa de las berenjenas, salpimienta y rehoga todo junto entre 5-7 minutos, removiendo a menudo para evitar que las verduras se quemen.

Al final de la cocción mezcla con las semillas de girasol tostadas, el perejil picado y el mijo hervido.

Rellena las berenjenas con la mezcla, cubre con la salsa de pimiento rojo, espolvorea con queso parmesano rallado o la almendra picada. Gratina y sirve caliente, acompañado de una ensalada variada.

Preparación de la salsa
Tritura todos los ingredientes juntos.

ESPIRALES DE QUINOA CON VERDURAS Y MAITAKE

Ingredientes

250 g de espirales de quinoa
1 c. s. de aceite de oliva virgen extra
½ c. c. de semillas de comino
1 c. p. de jengibre lavado, pelado y rallado
50 g de maitake seco hidratado y laminado o 250 g de
    maitake fresco
200 g de coliflor o brócoli cortado en flores pequeñas, sin los
    troncos (podemos reservar los troncos para preparar una
    crema, junto con otras verduras)
1 zanahoria cortada en dados
1 pimiento verde cortado en dados
1 pimiento rojo cortado en dados
½ kg de tomate rojo escaldado, pelado y cortado en cuartos
1 chile rojo fresco cortado muy fino
2 c. p. de curry
Sal marina
Pimienta negra molida
Aceite de oliva virgen extra para aliñar el plato en crudo
Algunas virutas de parmesano (cortadas con el pelador)

Preparación

En una cazuela calienta 1 c. s. de aceite de oliva virgen y dora
las semillas de comino y el jengibre.

Añade el maitake, las verduras, el chile, el curry, la sal y la pimienta negra y rehoga todo junto durante 7-8 minutos, con la cazuela tapada y removiendo a menudo. Reserva.

Mientras, hierve la pasta en 1 l de agua caliente con sal, dejándola al dente.

Escurre, mezcla los rizos de quinoa con la mezcla de maitake y las verduras reservadas.

Adereza con un hilo de aceite de oliva virgen, espolvorea con algunas virutas de parmesano y sirve caliente acompañado de un plato de crudités.

PIMIENTOS DE PIQUILLO RELLENOS DE TOFU Y MAITAKE

Ingredientes
8 pimientos de piquillo
1 bloque de tofu hervido previamente durante
    4 o 5 minutos
Sal marina
Pimienta negra molida
5-6 nueces troceadas
1 c. s. de aceite de oliva virgen extra
10 g de maitake seco, hidratado y picado
2 dientes de ajo picados
1 c. s. de perejil picado

Salsa
2 pimientos de piquillo
100 ml de crema de soja o avena para cocinar
1 c. p. de cúrcuma
1 pizca de sal marina

Preparación
Escurre y chafa el tofu, salpimienta y mezcla con las nueces.

Calienta el aceite de oliva en una sartén y rehoga las setas junto con el ajo y el perejil.

Mezcla con el tofu y rellena los pimientos.

Tritura los ingredientes de la salsa. Calienta y sirve como acompañamiento de los pimientos.

Nota: Puedes acompañar este plato con un bol de arroz basmati integral aderezado con aceite de oliva virgen extra y unas gotas de salsa de soja.

ENSALADA DE CANÓNIGOS Y MAITAKE

Ingredientes
200 g de canónigos lavados y secos
10 tomates cherry cortados por la mitad
1 zanahoria cortada en cintas con el pelador
10 g de maitake seco, hidratado y troceado o 150-200 g de
    maitake fresco
1 diente de ajo picado
1 c. s. de aceite de oliva virgen extra
1 c. s. de pipas de girasol
1 c. s. de pipas de calabaza

Vinagreta
½ o 1 c. s. de salsa de soja
4 c. s. de aceite de oliva virgen extra
1 c. p. de mostaza de grano grueso
1 c. p. de miel de acacia, azahar, mil flores o reishi
1 c. p. de gomasio, «sal de sésamo», para espolvorear
    (puedes comprarlo preparado en tiendas especializadas o
    elaborarlo en casa tostando ligeramente el sésamo,
    aderezándolo con sal marina y moliéndolo en un robot de
    cocina o un mortero)

Preparación
Coloca los canónigos, los tomates y la zanahoria en una ensaladera. Reserva.

    Saltea las setas maitake y el ajo en un hilo de aceite de oliva
virgen y añádelas a las verduras reservadas.

Tuesta las pipas de girasol y calabaza en una sartén a fuego medio y sin aceite, hasta que estén ligeramente doradas y las añades a la ensalada.

Mezcla todos los ingredientes para la vinagreta. Aliña la ensalada y espolvorea con gomasio.

ESPÁRRAGOS TRIGUEROS Y MAITAKE MARINADOS

Ingredientes
1 manojo de espárragos trigueros
50 g de maitake seco hidratado y laminado

Marinada
100 ml de aceite de oliva virgen extra
1 diente de ajo picado
1 c. c. de orégano
1 c. c. de hierbas provenzales
1 c. s. de perejil finamente picado
Sal marina o sal de hierbas
Pimienta negra molida
Vinagre de Módena al gusto

Preparación
Mezcla todos los ingredientes de la marinada y reserva.

Cuece los espárragos y las setas maitake hidratadas al vapor durante unos 8-10 minutos o hasta que los espárragos estén al dente. (El color verde brillante e intenso de los espárragos nos indicará que están en su punto de cocción).

Vierte la marinada sobre los espárragos y las setas aún calientes y deja reposar para que los sabores se mezclen durante unas 2 h antes de consumirlos (este plato puede prepararse también el día anterior).

El aceite de la marinada sobrante puedes utilizarlo para aliñar ensaladas, patatas al vapor, etcétera.

ENSALADA DE LENTEJAS PARDINA Y MAITAKE

Ingredientes
50 g de hojas de espinacas pequeñas lavadas y secas
200 g de lentejas pardina (previamente cocidas, junto con
    1 hoja de laurel, una pizca de sal marina y ¼ de c. c. de
    semillas de comino para hacerlas más digestivas)
10 tomates cherry lavados y partidos por la mitad
10 aceitunas negras deshuesadas
1 c. s. de aceite de oliva virgen extra
10 maitakes secos, previamente hidratados y picados
Unas gotas de salsa de soja

Aderezo
1 c. s. de salsa de soja
4 c. s. de aceite de sésamo o de oliva vírgenes
1 c. p. de albahaca o menta fresca lavada, secada y picada fina

Preparación
Tapiza las paredes y el fondo de un bol mediano con las espinacas.

Coloca las lentejas, ya frías, sobre las espinacas.

Adorna con los tomates y las aceitunas negras.

En una sartén, calienta el aceite de oliva virgen extra y rehoga las setas maitake junto con unas gotas de salsa de soja y colócalas sobre las lentejas.

Mezcla la salsa de soja con el aceite de sésamo o de oliva vírgenes, aliña la ensalada, espolvorea con la albahaca o la menta y sirve con chapati o pan de pita.

REVUELTO DE MAITAKE Y AJOS TIERNOS

Ingredientes

2 c. s. de aceite de oliva virgen extra

50 g de maitake seco, hidratado y picado o 250 g de maitake fresco

4 ajos tiernos laminados (incluida la parte verde tierna)

1 c. s. de perejil fresco lavado, seco y finamente picado

Sal marina

Pimienta negra molida

4 huevos ecológicos

Preparación

Calienta el aceite en una sartén y saltea las setas maitake con los ajos, el perejil y una pizca de sal marina.

Bate los huevos y salpimienta.

Añade los huevos al salteado de maitake y remueve, con ayuda de una cuchara, hasta que los huevos hayan cuajado.

Sirve con unas rebanadas de pan de espelta, trigo o kamut recién tostado y una ensalada de tomate cortado en rodajas, aliñado con aceite de oliva virgen extra, sal marina y menta fresca finamente picada.

HAMBURGUESAS DE TOFU, VERDURAS Y MAITAKE CON SALSA DE ESCALIBADA

Ingredientes para las hamburguesas

1 paquete de tofu de 200-250 g (natural, finas hierbas, ahumado, etcétera)

1 rama de apio o un trocito de hinojo

1 calabacín pequeño con piel, si es de cultivo ecológico

5-6 maitakes secos hidratados

1 zanahoria

1 cebolla

Sal marina

1 c. c. de curry

Ajo y perejil al gusto

Copos de avena finos en cantidad suficiente para ligar la masa

Aceite de oliva virgen extra para freír las hamburguesas

Para la salsa

2 pimientos rojos escalibados y pelados

1 diente de ajo

Algunas hojas de perejil y albahaca frescos

1 c. s. de aceite de oliva virgen extra

Una pizca de pimienta negra molida

1 c. c. de cúrcuma en polvo

Sal marina o sal de hierbas

Preparación de las hamburguesas

Si dispones de picadora:
Coloca todos los ingredientes en el vaso y pica. Saca la masa del vaso y, con las manos húmedas, forma pequeñas hamburguesas. Si al sacar la masa del vaso observas que queda demasiado líquida, añade una pequeña cantidad adicional de copos de avena y amasa con las manos, dejando reposar la masa unos 10 minutos antes de freír las hamburguesas, para que los copos se ablanden.

Si no dispones de picadora:
Ralla finamente las verduras.

Pica los maitakes hidratados.

Chafa el tofu con un tenedor y mézclalo con las verduras y el maitake.

Añade la sal marina, el curry, el ajo, el perejil y los copos de avena en cantidad suficiente para ligar la masa. Amasa con las manos y deja reposar unos 10 minutos para que los copos se ablanden.

Vuelve a amasar y forma pequeñas hamburguesas, apretándolas ligeramente para que no se abran al freírlas.

Una vez preparada la masa con o sin picadora:
Pon a calentar una sartén pequeña con bastante aceite de oliva virgen extra y fríe las hamburguesas.

Una vez doradas, retíralas del fuego y déjalas escurrir sobre papel de cocina para eliminar el exceso de aceite (el tofu absorbe poco aceite).

Sirve las hamburguesas calientes acompañadas de verduras al vapor o una ensalada variada.

Preparación de la salsa

Pon todos los ingredientes en el vaso de la batidora y tritura hasta conseguir una textura homogénea.

TARTA DE CALABAZA, NUECES Y MAITAKE
CON CREMA DE TOFU

Ingredientes
Para la masa
150 g de harina integral de kamut, trigo o espelta
75-80 ml de aceite de oliva virgen extra
40 ml de agua
Una pizca de sal marina

Para el relleno
400 g de cebolla cortada en aros finos
200 g de calabaza cortada en dados pequeños
5 o 6 maitakes secos previamente hidratados, escurridos y
    finamente picados
250 g de tofu
2 huevos ecológicos
Sal marina
Pimienta negra molida
Nuez moscada rallada
1 c.c. de jengibre rallado
10 o 12 nueces troceadas
Queso parmesano rallado o semillas de sésamo o avellanas o
    almendras troceadas para espolvorear la tarta
Aceite de oliva virgen extra

Preparación
Mezcla y amasa todos los ingredientes para la base, hasta obtener una textura homogénea. Si la masa se te pega a las manos,

añade una pizca más de la harina integral elegida. Si, por el contrario, queda demasiado seca y grumosa, incorpora un hilo de aceite de oliva o unas gotas más de agua.

Extiende la masa en un molde de unos 25 cm de diámetro untado de aceite de oliva virgen, pínchala con un tenedor para favorecer la cocción e introdúcela en el horno precalentado a 180º durante unos 10 minutos o hasta que esté dorada y la masa se despegue de los bordes del molde.

Mientras, rehoga la cebolla en 1 c. s. de aceite de oliva virgen, hasta que esté trasparente.

Añade la calabaza y las setas maitake, salpimienta y rehoga junto con la cebolla, a fuego bajo, con la cazuela tapada y removiendo a menudo, hasta que las verduras estén tiernas (si es necesario puedes añadir 1 c. s. de agua).

Prepara una crema con el tofu, los huevos batidos, 2 c. s. de aceite de oliva virgen, la sal marina, la pimienta negra, la nuez moscada y el jengibre rallado.

Mezcla las verduras rehogadas con la crema de tofu y las nueces troceadas y rellena la base precocinada, repartiendo la mezcla con cuidado, sin apretar para evitar que la base de la tarta se rompa.

Espolvorea con el queso parmesano rallado, las semillas de sésamo o los frutos secos y hornea a 180º durante 35-40 minutos aproximadamente, hasta que la tarta haya cuajado (el tiempo dependerá del tipo de horno).

Sirve la tarta como plato único, acompañada de una refrescante y crujiente ensalada variada.

PAQUETITOS RELLENOS DE VERDURAS, BROTES DE SOJA Y MAITAKE

Ingredientes

1 paquete de pasta filo o pasta para rollitos de primavera
1 puerro finamente picado
2 dientes de ajo
200 g de calabacín con piel y cortado en dados pequeños
2 zanahorias cortadas en juliana
4 o 5 hojas de col china o col rizada cortada en juliana
1 c. p. de cúrcuma
Sal marina
Una pizca de pimienta negra molida
200 g de maitake fresco finamente laminado o 15 g de
   maitake seco previamente hidratado
150 g de brotes de soja germinada
Aceite de oliva virgen extra para cocinar las verduras y para
   pintar los rollitos
Sésamo para decorar

Preparación

Dora el puerro y los ajos en una cazuela en un hilo de aceite y
con la cazuela tapada, hasta que el puerro esté trasparente.

Añade el calabacín, las zanahorias, la col, la cúrcuma, la sal
marina y la pimienta negra y rehoga unos 4-5 minutos más,
con la cazuela tapada y a fuego medio-bajo.

Incorpora el maitake y los brotes de soja y prosigue la cocción 3-4 minutos más.

Pon una lámina de la masa elegida encima de una tabla o superficie bien seca y coloca un poco de relleno en el centro. Pliega dándole forma de paquetito y asegurándote de que quede bien cerrado para que el relleno no se salga.

Coloca los paquetitos ya rellenos en una bandeja de horno previamente forrada con papel de horno. Pincélalos con aceite de oliva virgen extra, espolvoréalos con sésamo y, con el horno previamente calentado, hornéalos durante unos minutos hasta que adquieran un bonito color dorado.

Puedes servirlos solos o con alguna salsa, junto con una ensalada variada.

Reishi

El reishi, de forma arriñonada y maravillosos tonos rojizos, ha sido, junto el shiitake y el maitake, uno de los hongos más empleados en la medicina tradicional china durante milenios.

Es un hongo saprofito que pertenece a la familia de las ganodermatáceas y acostumbra a crecer en troncos de castaños y robles. En Oriente es conocido como el *hongo de la inmortalidad* y, según la literatura, su utilización en China se remonta a hace más de 4000 años. En la farmacopea de la MTCH, el reishi figura entre las diez sustancias terapéuticas más eficaces, considerándose, como se ha comentado, un hongo adaptógeno, con capacidad para ayudar al organismo a adaptarse a su entorno.

De textura leñosa y sabor amargo, su utilización en gastronomía no es agradable, a pesar de sus innumerables propiedades terapéuticas, y queda restringida a tan sólo algunas preparaciones.

Se comercializa deshidratado en láminas que podemos utilizar en decocción en caldos, sopas, tés o infusiones, los cuales tonificarán nuestro sistema inmunológico. En este caso será suficiente con una lámina por persona, que retiraremos una vez finalizada la cocción o infusión.

Aunque sus características organolépticas no lo convierten en un ingrediente adecuado para incorporar a nuestras recetas, si pulverizamos algunas láminas en un robot de cocina, podemos espolvorear de vez en cuando una pequeña cantidad de polvo de reishi en un zumo de naranja, infusión o té, e incluso utilizarlo para condimentar algún plato.

Si necesitamos edulcorar la mezcla, evitaremos el azúcar blanco, altamente desmineralizante y rebosante de calorías vacías. En su lugar, optaremos por sirope de ágave, espelta, arce..., concentrado de manzana, melazas de cereales, azúcar integral de caña, estevia o miel de reishi, que encontraremos en tiendas especializadas y resulta ideal para dar un toque especial a postres, vinagretas, infusiones, untar el pan del desayuno o merienda...

Podemos probar también otras combinaciones, espolvoreándolo en pequeña cantidad en bebidas vegetales de arroz, cebada, kamut, soja, quinoa, espelta, almendras, avellanas..., cremas de verduras...

INFUSIÓN DE REISHI Y JENGIBRE

Ingredientes
2 láminas de reishi troceadas
3 o 4 rodajas de jengibre fresco (lavado y pelado)
200 ml de agua
1 c. c. de miel de reishi

Preparación
Pon todos los ingredientes en un cazo excepto la miel de reishi. Hierve durante 5 minutos y deja infusionar durante unos 10 minutos. Cuela la infusión y sírvela edulcorada con una 1 c. c. de miel de reishi.

INFUSIÓN DE TÉ VERDE Y REISHI

Ingredientes

200 ml de agua

2-3 láminas de reishi

1 bolsita de té verde

1 gota de aceite esencial de limón 100 por 100 puro (opcional)

1 c. c. de miel de reishi

Preparación

Pon el agua y las láminas de reishi en un cazo y déjalo hervir durante 5 minutos.

Vierte sobre la bolsita de té verde y deja infusionar durante unos 10 minutos.

Cuela, aromatiza con el aceite esencial de limón y la miel de reishi y tómalo caliente.

CALDO DE KOMBU Y REISHI

Ingredientes
6-7 láminas de reishi
1 tira de alga kombu
1 l de agua

Preparación
Pon los ingredientes en un cazo y hierve durante 15-20 minutos. Deja infusionar, cuela y utiliza este caldo como base para la preparación de un consomé de miso, una crema de avena, para cocinar arroz integral, para preparar una sopa, etcétera.

BEBIDA DE CACAO Y REISHI

Ingredientes

100 ml de agua

Polvo de reishi (1 lámina molida hasta convertirla en polvo)

2 c.p. de té indio especiado con cardamomo, clavo, comino, jengibre... (puedes comprarlo preparado)

½ taza de bebida de almendras, kamut, arroz, espelta, soja, quinoa, avellanas, etcétera

1 c.p. de cacao en polvo

1 c.c. de miel de reishi para edulcorar (opcional)

Preparación

Hierve el agua junto con el polvo de reishi durante 5 minutos.

Vierte sobre el té y deja infusionar unos 10 minutos.

Cuela la infusión y ponla en un cazo con la bebida elegida y el cacao. Hierve durante 2-3 minutos.

Si es necesario, puedes edulcorar esta reconfortante bebida con un poco de miel de reishi.

BATIDO DE FRUTA CON BEBIDA DE ARROZ Y MIEL DE REISHI

Ingredientes

1 vaso de bebida de arroz (puedes utilizar también bebida
    de espelta, kamut, quinoa, almendras, avellanas, avena…)
1 plátano pequeño maduro
½ vaso de fruta fresca variada (fresones, melocotón,
    frambuesa, moras, etcétera)
1 c. p. de miel de reishi
Una pizca de canela en polvo

Preparación

Pon todos los ingredientes en el vaso de la batidora y tritura hasta conseguir una mezcla homogénea. Si te gusta más líquido, añade un poco más de bebida de arroz.

Refrigera y sirve el batido espolvoreado con un poco de canela en polvo.

ENSALADA CON VINAGRETA DE FRAMBUESAS Y MIEL DE REISHI

Ingredientes

150 g de ensalada variada (rúcula, lechuga, achicoria, escarola, canónigos, zanahoria, etcétera), lavada y seca
10 o 12 nueces troceadas
1 manzana cortada en dados
10 tomates cherry enteros o partidos por la mitad
1 c. s. de pipas de girasol tostadas en una sartén a fuego suave y sin aceite
200 g de frambuesas

Para la vinagreta

50 ml de aceite de oliva virgen extra
Vinagre de manzana o de Módena (al gusto)
Sal marina o sal de hierbas y pimienta negra molida
1 c. p. de sésamo crudo o tostado
1 c. s. de miel de reishi
1 c. p. de mostaza gruesa
4 o 5 frambuesas

Preparación

En una ensaladera pon la ensalada, las nueces, la manzana, los tomates, las pipas de girasol y las frambuesas.

Vinagreta: Tritura las frambuesas junto con el aceite. Añade el resto de ingredientes y mezcla bien.

Monta los platos y aliña en el último momento.

ENSALADA DE PEPINO AROMATIZADA CON JENGIBRE Y MIEL DE REISHI

Ingredientes
1 pepino grande
4 c. s. de vinagre de manzana
1 c. s. de miel de reishi
Un trozo de jengibre

Preparación
Corta el pepino en rodajas muy finas. Espolvoréalo con sal y déjalo reposar unos 15 minutos. Apriétalo de vez en cuando, para que suelte el agua.

Con las manos, exprime el pepino para extraer el líquido. Reserva.

Pela el jengibre, rállalo y extrae el zumo, apretando la pulpa entre las manos. Reserva.

Prepara el aderezo con el vinagre, la miel de reishi y el zumo de jengibre.

Seguidamente, mezcla el pepino con la salsa.

Deja enfriar en la nevera antes de servir.

ENSALADA DE CEBOLLA TIERNA, APIO Y SEMILLAS CON VINAGRETA DE MOSTAZA AROMATIZADA CON MIEL DE REISHI

Ingredientes

2 o 3 troncos de apio, incluidas las hojas tiernas, finamente laminado

1-2 cebolletas, incluida la parte verde tierna, finamente picadas

Pipas de calabaza ligeramente tostadas en una sartén sin aceite

1 pera cortada en gajos (en el último momento para que no se oxide)

Para la vinagreta

4 o 5 c.s. de aceite de oliva virgen extra

Vinagre de Módena al gusto

1 c.p. de pasas

1 c.p. de mostaza de grano grueso

1 c.p. de semillas de sésamo tostadas

1 c.p. de miel de reishi

Sal marina o sal de hierbas

Una pizca de pimienta negra molida

Una pizca de ajo seco granulado o 1 diente de ajo fresco picado

Preparación

Pon las verduras, las pipas de calabaza y la pera en un bol. Mezcla los ingredientes para la vinagreta, adereza y sirve.

ZANAHORIAS CON ALGA ARAME AL ALIÑO
DE SÉSAMO Y MIEL DE REISHI

Ingredientes
500 g de zanahorias cortadas en cintas con un pelador

Para el aderezo
1 pizca de comino
Sal marina o sal de hierbas al gusto
1 c. c. de pimentón dulce
1 c. s. de semillas de sésamo tostadas
3 c. s. de aceite de oliva virgen extra
1 c. c. de miel de reishi

Preparación
Mezcla los ingredientes para el aderezo.

Escalda 30 segundos las cintas de zanahoria en 1 l de agua hirviendo, escurre y coloca en una ensaladera (si las zanahorias son de cultivo ecológico, puedes reservar el agua para preparar una sopa, cocer cereales, etcétera).

Aliña las cintas de zanahoria aún calientes y sirve como acompañamiento de cualquier plato.

PERAS CON JENGIBRE Y MIEL DE REISHI

Ingredientes

6 peras
3 mandarinas (el zumo)
50 ml de miel de reishi
1 c. s. de zumo de jengibre (ralla y exprime el jengibre)
2 o 3 dátiles naturales cortados a láminas finas

Preparación

Pela las peras, pártelas por la mitad y extrae las semillas.

Colócalas en una cazuela junto con el zumo de mandarina, la miel de reishi y el zumo de jengibre.

Hierve hasta que las peras estén cocidas, pero manteniendo una textura firme.

Coloca las peras en una fuente, añade los dátiles y mezcla. Una vez frías, refrigera hasta el momento de servir.

ENSALADA DE BROTES VERDES Y GRANADA
CON VINAGRETA DE NUECES Y MIEL DE REISHI

Ingredientes para la ensalada
150 g de mezcla de brotes verdes
1 granada desgranada
1 zanahoria cortada a cintas con el pelador
Un trocito de hinojo finamente picado
½ o 1 cebolleta tierna finamente picada
3 o 4 hojas de menta o albahaca fresca picadas (opcional)

Ingredientes para la vinagreta:
½ o 1 diente de ajo picado
4-5 c. s. de aceite de oliva virgen extra
Vinagre de Módena al gusto
½ c. c. de mostaza de grano grueso
1 c. p. de miel de reishi
Sal de hierbas
Una pizca de pimienta negra molida
8-10 nueces picadas

Preparación
Pon los brotes verdes, la granada, la zanahoria, el hinojo, la cebolleta y la menta o albahaca frescas en una ensaladera.

Lava y dora ligeramente las nueces en una sartén sin aceite y trocéalas.

Mezcla todos los ingredientes para la vinagreta. Añade las nueces y aliña la ensalada.

MINIHAMBURGUESAS DE SEITÁN CON CEBOLLA CONFITADA Y MIEL DE REISHI

Ingredientes para las minihamburguesas
1 paquete de seitán (el seitán es el gluten del trigo o de la
    espelta)
2 dientes de ajo picados
1 c. c. de jengibre fresco rallado
1 puerro finamente laminado (incluida la parte verde tierna)
5 o 6 shiitakes o maitakes frescos o secos e hidratados o setas
    de temporada, laminados
Perejil finamente picado
80-100 g de harina de garbanzos
Sal marina
Aceite de oliva virgen extra

Ingredientes para la cebolla confitada
1 cebolla grande
Aceite de oliva virgen extra
Una pizca de sal marina
Unas gotas de salsa de soja
1 c. c. de miel de reishi

Preparación
Pica el seitán en una picadora o robot de cocina.

Dora los ajos y el jengibre en 1 c. s. de aceite de oliva virgen
extra.

Añade el puerro y el shiitake o el maitake y rehoga unos
minutos hasta que el puerro esté trasparente.

Coloca el seitán, el perejil, la harina de garbanzos y la sal marina en un bol y mezcla con las verduras rehogadas.

Amasa con las manos y, si la textura es correcta, forma unas pequeñas hamburguesas. Si es necesario, puedes añadir un poco más de harina de garbanzos. (Deben quedar blandas. Si utilizas demasiada harina de garbanzos, las hamburguesas tendrán una textura demasiado densa).

Fríe las minihamburguesas en una sartén pequeña y con abundante aceite. Coloca en una bandeja sobre papel absorbente o sobre una rejilla, para eliminar el exceso de aceite.

Para la cebolla confitada

Corta la cebolla en láminas muy finas.

Calienta un hilo de aceite de oliva virgen en una cazuela con tapa y rehoga la cebolla, junto con una pizca de sal marina. Remueve a menudo para evitar que se queme. Si es necesario, puedes añadir 1 c. s. de agua para facilitar la cocción.

Cuando la cebolla esté casi hecha añade unas gotas de salsa de soja y la miel de reishi y rehoga un par de minutos más.

Monta el plato con las hamburguesas y la cebolla encima o como acompañamiento.

MANZANA AROMATIZADA CON ESPECIAS Y MIEL DE REISHI

Ingredientes
1 manzana por persona
1 c. s. de agua
1 c. p. de miel de reishi
1 pizca de curry, comino y canela

Preparación
Pela, extrae las semillas y corta la manzana en cuartos.

Pon la manzana en un cazo junto con el agua, la miel de reishi y las especias.

Cuece con el cazo tapado durante unos 5 minutos. (Sirve la manzana caliente o fría. Opcionalmente, puedes regarla con un hilo de kéfir o yogur de vaca, cabra o soja).

CREMA DE GUISANTES

Ingredientes

1 cebolla mediana laminada

1 puerro laminado (incluida la parte verde tierna)

3 c. s. de aceite de oliva virgen extra

400 g de guisantes frescos o congelados, si no es temporada

500 ml de agua o caldo de verduras

Pimienta negra molida

1 c. s. de almendras crudas

Sal de hierbas

Polvo de reishi para espolvorear (tritura una lámina de reishi)

Preparación

Calienta el aceite en una cazuela e incorpora la cebolla y el puerro. Rehoga hasta que estén trasparentes.

Añade los guisantes y rehoga 3 o 4 minutos más.

Incorpora el agua o el caldo de verduras. Lleva a ebullición y hierve durante 5 minutos.

Salpimienta, añade las almendras crudas y tritura hasta obtener una mezcla homogénea (si es necesario, añade un poco más de líquido hasta conseguir la consistencia deseada).

Sirve en un bol, aderezado con un hilo de aceite de oliva virgen, sal de hierbas y polvo de reishi en pequeña cantidad.

HUMMUS

Ingredientes

400 g de garbanzos cocidos
1-2 c. s. soperas de tahini (crema de sésamo)
3 c. s. de aceite de oliva virgen extra
1 limón grande (el zumo)
1 diente de ajo picado
1 cebolla pequeña
Sal marina o sal de hierbas
Pimienta negra molida
1 c. p. de pimentón dulce
1 c. c. de comino molido
Una pizca de polvo de reishi para espolvorear (una lámina de
    reishi molida)

Preparación

Tritura todos los ingredientes en un robot de cocina o el
vaso de la batidora, a excepción del pimentón, el comino y
el polvo de reishi, hasta obtener una mezcla homogénea. Si
es necesario, añade un poco del agua de cocción de los garbanzos.

Sirve el hummus en una fuente plana. Espolvorea el pimentón, el comino y una pizca de polvo de reishi por encima
del hummus, rocía con un hilo de aceite de oliva virgen y
presenta el plato acompañando de verduras cortadas en tiras,
pan recién tostado o pan de pita.

Preparación del tahini

Puedes adquirirlo ya preparado, pero si prefieres elaborarlo en casa, es muy sencillo:

En una sartén, sin ningún tipo de grasa, tuesta a fuego muy suave las semillas de sésamo. (Si las compras tostadas, este paso no será necesario).

Una vez frías, tritúralas mientras añades aceite de sésamo, removiendo poco a poco y sin parar, hasta conseguir la textura deseada (si no tienes aceite de sésamo puedes prepararlo también con aceite de oliva virgen extra).

Bibliografía

AGUILERA, M., CALLEJA, M. A.: «Avances moleculares en nutrición y su impacto clínico». *Nutrición Clínica en Medicina,* 2009; vol. 3, n.º 1: 1-19.

AIDA, F. M. N. A., SHUHAIMI, M., YAZID, M., MAARUF, A. G.:
«Mushroom as a potential source of prebiotics». *Trends in Food
Science & Technology,* 2009; vol. 20, issues 11-12: 567-575.

BOYLE, P., AUTIER, P., BARTELINK, H., *et al.*: «European code
against cancer and scientific justification: third version».
Ann Oncol, 2003; 14: 973-1005.

CAMPILLO, J. E.: *El mono obeso.* Editorial Crítica, Barcelona, 2007.

CARVALHO GARBI NOVAES, M. R., GARCEZ NOVAES, L. C.,
CUNHA TAVEIRA, V.: «Natural Products from Agaricales
Medicinal Mushrooms: Biology, Nutritional Properties,
and Pharmacological Effects on Cancer». *Revista Brasileira
de Cancerologia,* 2007; 53 (4): 411-420.

Centers for Disease, Control and Prevention (CDC), EEUU
http://www.cdc.gov.

CHAN, W. K., LAM, D. T., LAW, H. K., WONG, W. T., KOO, M. W.,
LAU, A. S., LAU, Y. L., CHAN, G. C.: «*Ganoderma lucidum*

mycelium and spore extracts as natural adjuvants for immunotherapy». *J Altern Complement Med,* 2005 Dec; 11 (6): 1047-57.

CHEN, S., PHUNG, S., KWOK, S., YE, J., HUR, G., OH, S., SMITH, D., YUAN, Y. C., KARLSBERG, K., LUI, K.: «Chemoprotective Properties of Mushrooms Against Breast Cancer and Prostate Cancer». *International Journal for Medicinal Mushrooms,* 2005; vol. 7, issue 3: 342-342.

CURADO, M. P., EDWARDS, B., SHIN, H. R., STORM, H., FERLAY, J., HEANUE, M., *et al.*: «Cancer Incidence in Five Continents», 2007; vol. IX. *IARC Scientific Publications,* Lyon, n.º 160.

FERLAY, J., ESTELIAROVA-FOUCHER, E., LORTET-TIEULENT, J., ROSSO, S., COEBERGH, J.W.W.W., COMBER, H., FORMAN, D., BRAY, F.: «Cancer incidence and mortality patterns in Europe: Estimates for 40 countries in 2012». *European Journal of Cancer.* April, 2013., vol. 49, issue 6, pages 1374-1403.

FERLAY, J., STELIAROVA-FOUCHER, E., LORTET-TIEULENT, J., ROSSO, S., COEBERGH, J. W. W., COMBER, H., FORMAN, D., BRAY, F.: *European Journal of Cancer.* Volume 49, issue 6, Pages 1374-1403, abril 2013.

FERLAY, P., AUTIER, M., BONIOL, M., HEANUE, M., COLOMBET, BOYLE, P.: «Estimates of the cancer incidence and mortality in Europe in 2006». *Annals of Oncology,* 2007; 18: 581-592.

FERNÁNDEZ DE ANA, C.: Hifas da Terra. Portamuños, 7 (Pontevedra), 2010. www.hifasdaterra.com.

FISHER, M., YANG, L. X.: «Anticancer effects and mechanisms of polysaccharide-K (PSK): implications of cancer immunotherapy». *Anticancer Research,* 2002; 22 (3): 1737-54.

FUJITA, R., LIU, J., SHIMIZU, K., KONISHI, F., NODA, K., KU-
NAMOTO, S., UEDA, C., TAJIRI, H., KANEKO, S., SUIMI, Y.,
KONDO, R., *et al.*: «Anti-androgenic activities of *Ganoder-
ma lucidum*». *J. Ethnopharmacol* 102(1): 107-12, 2005.

FUKUSHIMA, M., OHASHI, T., FUJIWARA, Y., SONOYAMA, K.,
NAKANO, M.: «Cholesterol-lowering effects of maitake fiber, shiitake fiber, and enokitake *(Flammulina velutipes)*
fiber in rats». *Experimental Biology and Medicine* 226: 758-
765 (2001).

GAVALDA, J.: *12 setas medicinales.* Eds. Bubok Publishing, S. L.,
2010.

GRANADO DE LA ORDEN, S., SAÁ REQUEJO, C., QUINTÁS VIQUEI-
RA, A.: «Situación epidemiológica del cáncer de próstata en
España». *Actas Urológicas Españolas,* 2006; 30 (6): 574-582.

HARA, M., HANAOKA, T., KOBAYASHI, M., OTANI, T., ADACHI,
H. Y., MONTANI, A., NATSUKAWA, S., SHAURA, K., KOIZUMI,
Y., KASUGA, Y., MATSUZAWA, T., IKEKAWA, T., SASAKI, S., TSU-
GANE, S.: «Cruciferous vegetables, mushrooms, and gastroin-
testinal cancer risks in a multicenter, hospital-based case-con-
trol study in Japan». *Nutr Cancer,* 2003; 46 (2): 138-47.

HOBBS, C.: «Medicinal Mushrooms: An exploration of tradi-
tion, healing and culture». Santa Cruz, CA: *Botanica Press,*
1995.

ILLANA-ESTEBAN, C.: «El hongo maitake y su potencial terapéutico». *Rev Iberoam Micol,* 2008; 25: 141-144.

International Agency for Cancer Research (IACR), EEUU
http://www.iarc.fr.

JI, D. B., YE, J., LI, CH.-L., WANG, Y. H., ZHAO, J., CAI, S. Q.
«Antiaging Effect of Cordyceps sinensis Extract». *Phyto-
therapy Research,* 2009; Res. 23: 116-122.

JIANG, J., SLIVOVA, V., VIALACHOVICOVA, T.: «*Ganoderma lucidum* inhibits proliferation and induces apoptosis in human prostate cáncer cells PC-3». *International Journal of Oncology,* 2004; 24: 1093-1099.

JULIO, C., KLINGER, M. D., M. SC., HERRERA, J. A., DÍAZ, M. L., JHANN, A. A., GLORIA, I.: *Ávila, Bact., Clara I.* Tobar, Biol. «La psiconeuroinmunología en el proceso salud enfermedad». *Colombia Médica,* 2005, vol. 36, n.º 2.

KEY, T. J., SCHATZKIN, A., WILLETT, W., ALLEN, N. E., SPENCER, E. A., TRAVIS, R. C.: «Diet, nutrition and the prevention of cancer». *Public Health Nutrition,* 2004; 7(1A): 187-200.

KIDD, P. M.: «The use of mushroom glucans and proteoglycans in cancer treatment». *Altern Med Rev,* 2000; 5 (1): 4-27.

KODAMA, N., KOMUTA, K., NANBA, H.: «Can Maitake MD-Fraction Aid Cancer Patients?». Thorne Research, Inc. *Alternative Medicine Review,* 2002; vol. 7, n.º 3: 236-239.

KODAMA, N., MURATA, Y., ASAKAWA, A., INUI, A., HAYASHI, M., SAKAI, N., NANBA, H.: «Maitake D-Fraction enhances antitumor effects and reduces immunosuppression by mitomycin-C in tumor-bearing mice». *Elsevier Nutrition,* 2005; 21: 624-629.

LAKSHMI, B., AJITH, T. A., SHEENA, N., GUNAPALAN, N., JANARDHANAN, K. K.: *Teratog Carcinog Mutagen,* 2003;23 Suppl 1:85-97. «Antiperoxidative, anti-inflammatory, and antimutagenic activities of ethanol extract of the mycelium of Ganoderma lucidum occurring in South India».

LANA PÉREZ, A., FOLGUERAS, M. V., DÍAZ, S.: «Análisis de la supervivencia en pacientes con cáncer múltiple», 2008; Rev. Esp. *Salud Pública,* vol. 82, n.º 2: 167-177.

LIN, Z. B., ZHANG, H.: «Anti-tumor and immunoregulatory activities of Ganoderma lucidum and its possible mechanisms». *Acta Pharmacol Sin,* 2004 Nov; 25 (11): 1387-1395.

LINDEQUIST, U., NIEDERMEYER, T., JÜLICH, W. D.: «The Pharmacological Potential of Mushrooms». Institute of Pharmacy, Ernst-Moritz-Arndt-University, Germany, 2005; eCAM 2(3): 285-299.

LLARGUÉS, J., MACH, N.: «Hongos medicinales: prevención y apoyo al tratamiento del cáncer». *Alimentación, Nutrición y Salud.* Instituto Danone, vol. 18, n.º 1, pp. 16-23, 2011 http://www.institutodanone.es/ans/ANS_18-1.pdf.

LÓPEZ-ABENTE, G., POLLÁN, M., ARAGONÉS, N., PÉREZ GÓMEZ, B., HERNÁNDEZ BARRERA, V., LOPE, V., SUÁREZ, B.: «Situación del cáncer en España: incidencia, 2004»; *Anales Sistema Sanitario de Navarra,* n.º 2.

LOUIE, B., RAJAMAHANTY, S., WON, J., CHOUDHURY, M., KONNO, S.: «Synergistic potentiation of interferon activity with maitake mushroom d-fraction on bladder cancer cells». *BJU Int,* 2009 Sep 4.

MARTÍNEZ-MONTEMAYOR, M. M., ACEVEDO, R. R., OTERO-FRANQUI, E., CUBANO, L. A., DHARMAWARDHANE, S. F.: «*Ganoderma lucidum* (reishi) inhibits cancer cell growth and expression of key molecules in inflammatory breast cancer». *Nutr Cancer,* 2011; 63(7): 1085-94.

MASUDA, Y., ITO, K., KONISHI, M., NANBA, H.: «A polysaccharide extracted from *Grifola frondosa* enhances the anti-tumor activity of bone marrow-derived dendritic cell-based immunotherapy against murine colon cancer». *Cancer Immunol, Immunother,* 2010 Oct; 59 (10): 1531-41.

MAYEL, L. M.: «Maitake extracts and their therapeutic potential». *Alter Med Rev,* 2001; 6: 48-60.

MEAD, M. N.: «Nutrigenomics: The genome-food interface». *Environ Health Perspect,* 2007; 115: A-582-A589.

MILNER, J. A.: «Molecular Targets for Bioactive Food Components», *The American Society for Nutritional Sciences,* 2004; *J. Nutr.* 134: 2492S-2498S.

MIN, B. S., GAO, J. J., NAKAMURA, N., HATTORI, M.: «Triterpenes from the spores of *Ganoderma lucidum* and their cytotoxicity against meth-A and LLC tumor cells». *Chem Pharm Bull,* 2000; 48: 1026-1033.

MITROL, N., MOTA, M.: «Nutrigenomics-nutrigenetics». *Rom J Intern Med,* 2008; 46: 295-304.

NANBA, H.: «Maitake D-fraction: Healing and Preventive Potential for Cancer». *Journal of Orthomolecular Medicine,* 1997; vol. 12, n.º 1: 43-49.

ORDOVAS. J. M., CARMENA, R., CORELLA, D.: Fundación Medicina y Humanidades Médicas. Nutrigenómica. Monografia 9, 2004 http://www.fundacionmhm.org/pdf/Mono9/Articulos/articulo2.pdf.

Organización Mundial de la salud: http://www.who.int/es.

PARSLOW, T. G.: «The immune response». Stites DP, Terr AI, Parslow TG (eds.), *Medical Immunology London.* Appleton & Lange, 1997; 63-73.

PIQUERAS, J.: «Los hongos como alimentos funcionales». Laboratoris Clínics, Hospital Universitari del Vall d'Hebrón, *A. M. Font i Quer,* 2004; 2: 46-48.

ROBLES-HERNÁNDEZ, L., GONZÁLEZ-FRANCO, A. C., SOTO-PARRA, J. M., MONTES-DOMÍNGUEZ, F.: «Review of agricultural and medicinal applications of basidiomycete mushrooms». *TechnoCiencia,* Chihuaua, 2008; vol. II, n.º 2: 95-107.

RUSSELL, M., PATERSON, M.: «Ganoderma-A therapeutic fungal biofactory». *Phytochemistry,* 2006; vol. 67, issue 18: 1985-2001.

SANZ, Y., COLLADO, M. C., HAROS, M., DALMAU, J.: Instituto de Agroquímica y Tecnología de los Alimentos (CSIC). Burjassot. Valencia. *Unidad de Nutrición y Metabolopatías. Hospital Infantil La Fe. Valencia. «Funciones metaboliconutritivas de la microbiota intestinal y su modulación a través de la dieta: probióticos y prebióticos». *Acta pediátrica española,* vol. 62, n.º 11, 2004.

SHOMORI, K., YAMAMOTO, M., ARIFUKU, I., TERAMACHI, K., ITO, H.: «Antitumor effects of a water-soluble extract from Maitake on human gastric cancer cell lines». *Oncol Rep,* 2009 Sep; 22 (3): 615-20.

SIGURDSON, A. J., JONES, I. M.: «Second cancers after radiotherapy: any evidence for radiation-induced genomic instability?». *Oncogene,* 2003; 22: 7018-7027.

SLIVA, D.: «*Ganoderma lucidum* (reishi) in cancer treatment». *Ubtgr Cancer Ther,* 2004; 2: 358-364.

SMITH, J., ROWAN, N. J., SULLIVAN, R.: «Medicinal mushrooms: their therapeutic properties and current usage with special emphasis on cancer treatments». *Cancer Research,* UK, Funding & Research, 2006

SULLIVAN, R,. SMITH, J. E., ROWAN, N. J.: «Medicinal Mushrooms and Cancer Therapy translating a traditional practice into Western medicine. Perspectives in Biology and Medicine». *The Johns Hopkins University Press,* 2006; vol. 49, n.º 2: 159-170.

TERRACINI, B.: «Epidemiology of childhood cancer». Environmental Health 2011, 10 (Suppl 1): S8 doi: 10.1186/1476-069X-10-S1-S8.

THYAGARAJAN, A., ZHU, J., SLIVA, D.: «Combined effect of green tea and Ganoderma Lucidum on invasive behavior of breast cancer», 2007; *International Journal of Oncology* 30: 963-969.

TRAVIS, L. B., RABKIN, C. S., BROWN, L. M., ALLAN, J. M., ALTER, B. P., AMBROSONE, C. B., *et al.*: «Cancer survivorship- genetic susceptibility and second primary cancers: research strategies and recommendations». *J Natl Cancer Inst,* 2006; 98: 15-25.

WANG, G., ZHAO, J., LIU, J., HUANG, Y., ZHONG, J. J., TANG.: «Enhancement of IL-2 and IFN-γ expression and NK cells activity involved in the anti-tumor effect of ganoderic acid Me in vivo». *International Immunopharmacology,* 2007; 7: 864-870.

WASSER, S. P.: «Medicinal mushrooms as a source of antitumor and immunomodulating polysaccharides». *Appl Microbiol Biotechnol,* 2002; 3: 258-274.

YAMAGUCHI, Y., MIYAHARA, E., HIHARA, J.: «Efficacy and safety of orally administered Lentinula edodes mycelia extract for patients undergoing cancer chemotherapy: a pilot study». *Am J Chin Med,* 2011; 39 (3): 451-9, 2012.

YING, J., MAO, X., MA, Q., ZONG, X., WEN, H.: «Icones of medical fungi from China», *Science Press,* Beijing, 1987.

YUEN, J. W., GOHEL, M. D.: «Anticancer effects of *Ganoderma lucidum:* a review of scientific evidence». *Nutr Cancer,* 2005; 53: 11-17.

Índice